U0898176

高校专业融合素养提升系列教材

工科生的项目管理

主　编　高　娟
副主编　许宣伟　史勤刚

责任编辑：吕　楠
责任校对：孙　蕊
责任印制：陈晓川

图书在版编目（CIP）数据

工科生的项目管理／高娟主编．—北京：中国金融出版社，2020.8
ISBN 978-7-5220-0728-1

Ⅰ.①工…　Ⅱ.①高…　Ⅲ.①工科（教育）—项目管理—教材　Ⅳ.①F224.5

中国版本图书馆 CIP 数据核字（2020）第 140698 号

工科生的项目管理
GONGKESHENG DE XIANGMU GUANLI
出版
发行　中国金融出版社
社址　北京市丰台区益泽路 2 号
市场开发部　（010）66024766，63805472，63439533（传真）
网 上 书 店　www.cfph.cn
　　　　　　（010）66024766，63372837（传真）
读者服务部　（010）66070833，62568380
邮编　100071
经销　新华书店
印刷　北京九州迅驰传媒文化有限公司
尺寸　185 毫米×260 毫米
印张　10.75
字数　232 千
版次　2020 年 8 月第 1 版
印次　2025 年 7 月第 6 次印刷
定价　66.00 元
ISBN 978-7-5220-0728-1

本书编委会

编委会主任： 陈春发

主　　　编： 高　娟

副　主　编： 许宣伟　史勤刚

编委会成员： 毛　敏　彭光辉　余　梅

许宣伟　陈　杉

CONTENTS 目录

第一章　进入项目的世界

导入案例

南方建筑设计院自2000年成立以来，一直采用人工手动和电脑录入等常规方法进行档案管理工作，档案管理人员经常报怨劳动强度大，效率低下，为节省人力和财力，节省借阅人员的等待时间。

2018年初，设计院决定引入计算机管理，拿出专项经费，委托一家软件开发公司开发一套功能齐全的档案管理软件。

思考与讨论

1. 南方建筑设计院委托东方软件开发公司开发一套功能齐全的档案管理软件，这是一个项目吗？
2. 从项目管理的角度出发，这个软件如何开发呢？
3. 从东方软件开发公司的角度，如何才能使客户方南方建筑设计院满意？
4. 这个项目如何开展？需要用到哪些技能和工具？
5. 项目团队如何搭建？

本章内容提要

本章引入项目的概念，介绍了什么是项目以及项目的特点，项目组与项目集、项目之间的关系，项目和日常运作之间的区别和联系；

本章介绍了项目管理的概念，带大家了解什么是项目以及项目管理运作，项目管理办公室的功能与作用；

在项目管理中，项目管理知识体系非常重要，在这一章我们揭开五大管理过程、四十七个子过程、九大知识体系之间神秘的面纱；

项目依托组织而存在，既有组织也有生命。项目生命周期的阶段划分，以及项目生命周期与项目管理过程之间的区别和联系，从现实应用角度来看项目管理如何进行；

项目组织介绍以及组织的类型，各种组织的优缺点，团队的重要性；

项目管理带来的价值与挑战等。

第一节 项目的概念

1.1.1 什么是项目

项目是为创造独特的产品、服务或成果而进行的临时性工作。

项目的“临时性”是指项目有明确的起点和终点。当项目目标达成时，或当项目因不会或不能达到目标而中止时，或当项目需求不复存在时，项目就结束了。如果客户（顾客、发起人或项目倡导者）希望终止项目，那么项目也可能被终止。临时性并不一定意味着项目的持续时间短，它是指项目的参与程度及其长度。项目所创造的产品、服务或成果一般不具有临时性。大多数项目都是为了创造持久性的结果。例如，国家纪念碑建设项目就是要创造一个流传百世的成果。项目所产生的社会、经济和环境影响，也往往比项目本身长久得多。

每个项目都会创造独特的产品、服务或成果，项目的产出可能是有形的，也可能是无形的。尽管某些项目可交付成果或活动中可能存在重复的元素，但这种重复并不会改变项目工作本质上的独特性。例如，即便采用相同或相似的材料，由相同或不同的团队来建设，但每个建筑项目都因不同的位置、不同的设计、不同的环境和情况、不同的干系人等，而具备独特性。

持续性工作通常是遵循组织已有流程的重复性过程。相比之下，由于项目具有独特性，所以其创造的产品、服务或成果可能存在不确定性或差异性。项目活动对于项目团队成员来说可能是全新的，需要比其他例行工作进行更精心的规划。此外，项目可以在组织的任何层面上开展。一个项目可能只涉及一个人，也可能涉及很多人；可能只涉及一个组织单元，也可能涉及多个组织的多个单元。

项目可以创造：

一个产品，可能是其他产品的组成部分、某个产品的升级，也可能本身就是最终产品；

一种服务或提供某种服务的能力（如支持生产或配送的业务职能）；

对现有产品线或服务线的改进（如实施六西格玛项目以降低缺陷率）；

一种成果，例如某个结果或文件（如某研究项目所创造的知识，可据此判断某种趋势是否存在，或判断某个新过程是否有益于社会）。

项目的例子包括（但不限于）：

开发一种新的产品、服务或成果；

改变一个组织的结构、流程、人员配备或风格；

开发或购买一套新的或改良后的信息系统（硬件或软件）；

执行一项研究，其结果将被恰当地记录；

建造一座大楼、工厂或基础设施；

实施、改进或提升现有的业务流程和程序。

1.1.2　项目的特性

项目具有以下四个特性：时限性、独特性、渐进性、目标性。

（1）时限性

一个项目的开始和结束一定要有一个明确的时间，或许对于产生做这个项目的想法由来已久，十分模糊，比如，或许唐太宗很久之前就已经有了想要去西天取经的想法但一直在等待天时地利人和，那么待到时机成熟，玄奘背上行囊踏上征途的那一刻就是项目开始的时间。而当项目完成，或是因为一些主客观因素不得不戛然而止，这些时间也都可以称为项目的结束时间。换句话说，无论项目是否成功完成，只要一旦停止，不再进行，那么就视为项目的结束。

项目虽然具有时限性，但与持续时间长短并无关系，短则一天，长则十几年都是具有时限性的。

（2）独特性

项目要创造独特的产品、服务或成果，我们可以把产品、服务或成果称为“可交付成果”。每一个项目都是唯一的，面对不同的时间，不同的环境，不同的对象项目都会出现特有的性质。

（3）渐进性

在定义中没有体现出来的另一个重要特性是渐进明细，也就是说项目是一步步慢慢分成小部分进行的。

（4）目标性

项目的目标需满足 SMART 原则：

明确性——目标必须是具体的；

可量化——目标必须是可以衡量的；

可实现性——目标必须是合理的，可以实现的；

相关性——目标必须是和组织的其他的目标相关联的；

时限性——目标必须有明确的时间指标。

1.1.3　项目组、项目集和项目的关系

项目组、项目集和项目之间的关系可以这样表述：项目组合是为了实现战略目标而组合在一起管理的项目、项目集、子项目组合和运营工作的集合。项目集包括在项目组合中，自身又包括需协调管理的子项目集、项目或其他工作，以支持项目组合。单个项目无论属于或不属于项目集，都是项目组合的组成部分。虽然项目组合中的项目或项目集不一定彼此依赖或直接相关，但是它们都通过项目组合与组织战略规划联系在一起。项目组、项目集和项目之间的关系示例如图 1 - 1 所示。

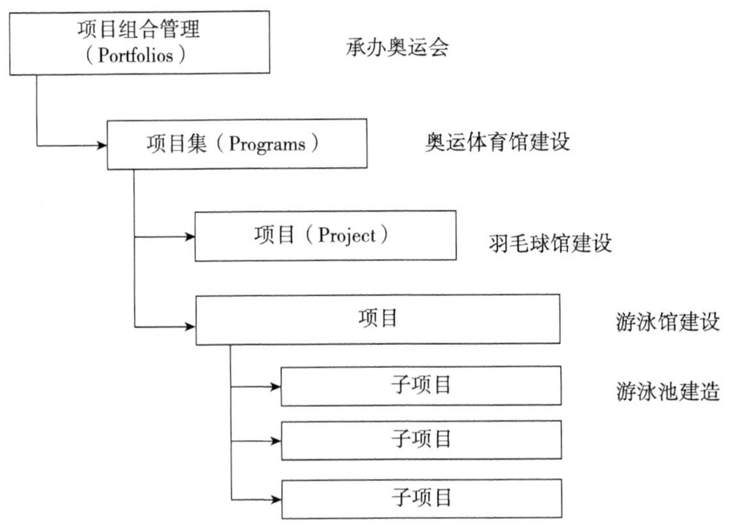

图 1－1　项目组、项目集和项目之间的关系示例

1.1.4　项目和日常运营

与项目不同，日常运营工作是一系列持续、重复的活动，目的是维持日常的运转，比如：

处理客户订单；

处理应收账款和应付账款；

按订单进行生产。

那么，如表 1－1 所示，我们可以比较一下项目和日常运作的区别。

表 1－1　项目与日常运作的比较

项目	运作（作业）
独一无二的	重复的
有限时间	无限时间（相对）
革命性的改变	渐进性的改变
多边的资源需求	稳定的资源需求
柔性的组织，动态团队	稳定的组织，职能团队
实现目标，随后终止	维持企业的存续
独特的产品、服务或成果	非独特的产品、服务或成果

从表 1－1 中我们可以看出，相对于日常作业来说，项目具有与生俱来的挑战性，这也是为什么我们会由专业的项目管理人员来对每一个项目进行管理和监督的原因。这也赋予了项目管理新的价值和使命感。

第二节　项目管理的概念

通过上一节的学习，作为工科生的你已经明白什么样的工作可以作为项目，换句话说，你已经半只脚踏入了项目的世界。那么接下来，我们再来看一看，被我们当作项目的工作要如何进行科学的管理才能体现它的特征，将它的优势发挥到最大化，最终高质量地完成呢。也就是说，到底什么才是项目管理。

1.2.1　什么是项目管理

首先，我们知道，项目是具有唯一性，独特性的工作，也就是说，项目是具有创新价值的，那么项目管理也就是为了完成创新价值工作，而将各种资源运用到项目中实现项目最终的目的，满足既定的需求。由此，我们可以给出项目管理的定义为：

项目管理是对一切资源在活动全过程进行决策、计划、组织、协调、监督、控制等一系列规律活动的总称。项目管理就是将知识、技能、工具与技术应用于项目活动，以满足项目的要求。项目管理通过合理运用与整合47个项目管理过程得以实现。可以根据其逻辑关系，把这47个过程归类成五大过程组，即启动、规划、执行、监控、收尾。

管理一个项目通常包括（但不限于）：

识别需求。

在规划和执行项目时，处理干系人的各种需要、关注和期望。

在干系人之间建立、维护和开展积极、有效和合作性的沟通。

为满足项目需求和创建项目可交付成果而管理干系人。

平衡相互竞争的项目制约因素，包括（但不限于）：范围、质量、进度、预算、资源和风险等。

项目的具体特征和所处的具体环境会对制约因素产生影响，项目管理团队应对此加以关注。这些制约因素之间的关系是：任何一个因素发生变化，都会影响至少一个其他因素。例如，缩短工期通常都需要提高预算，以增加额外的资源，从而在较短时间内完成同样的工作量；如果无法提高预算，则只能缩小范围或降低质量，以便在较短的时间内以同样的预算金额交付项目最终成果。项目干系人可能对哪个因素最重要有不同的看法，使情形变得更为复杂。改变项目要求或目标可能引发更多的风险。为了取得项目成功，项目团队必须能够正确评估项目状况，平衡项目要求，并与干系人保持积极主动的沟通。由于可能发生变化，应该在整个项目生命周期中，反复开展制订项目管理计划工作，对计划进行渐进明细。渐进明细是指随着信息越来越详细具体、估算越来越准确，而持续改进和细化计划。渐进明细的方法使项目管理团队可以随项目进展，对项目工作进行更为明确的定义和更为深入的管理。

从这个定义上来说，我们可以认为项目管理就是为了完成项目而所做的一切计划、管理等工作，那么我们可以给出项目管理的四个基本目标（PCTS）：

P：Performance 即达到项目预期的绩效；

C：Cost 即在费用成本和预算约束内完成项目；

T：Time 即项目必须按时完成；

S：Scope 即项目需要符合指定的工作范围。

而且，这四个变量之间是相互联系的，例如，成本 C 可以表示为绩效 P、时间 T 和范围 S 的函数。对于项目经理来说，其工作要求也更多的是需要寻求缩短项目完成时间的办法，同时要控制甚至减少成本，还要保证绩效和范围不变，这也是考核项目经理能力的一方面。

1.2.2 项目管理运作

运营管理负责监督、指导和控制业务运作。运营支撑着日常业务，是实现业务战略和战术目标的必要手段。例如生产运营、制造运营、会计业务、软件支持和运行维护等。虽然项目具有临时性，但符合组织战略的项目能促进组织目标的实现。有时，组织会通过做项目来建立战略业务举措，改变其运营、产品或系统。项目需要管理活动和技能，而运营则需要业务流程管理、运营管理活动和技能。战略、运营和项目管理的关系如图 1－2 所示。

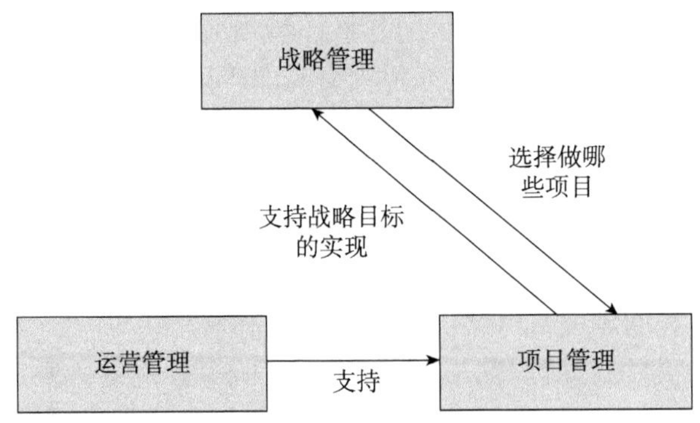

图 1－2 战略、运营和项目管理的关系

(1) 运营与项目管理

运营管理关注产品的持续生产和/或服务的持续运作。它通过使用优质资源和满足客户要求，保证业务运作的持续高效。它重点管理那些把各种输入（如材料、零件、能源和劳力）转变为输出（如产品、商品和/或服务）的过程。业务运营的改变也许就是某个特定项目的关注焦点，尤其当项目交付的新产品或新服务将导致业务运营的实质性改变时。持续运营不属于项目的范畴，但是它们之间存在交叉。项目与运营会在产品生命周期的不同时点交叉，例如：

在每个收尾阶段；

在新产品开发、产品升级或提高产量时；

在改进运营或产品开发流程时；

在产品生命周期结束之前。

在每个交叉点，可交付成果及知识在项目与运营之间转移，以完成工作交接。随着项目趋于结束，项目资源被转移到运营中；而在项目开始时，运营资源被转移到项目中。运营是一种生产重复性结果的持续性工作，它根据产品生命周期中制度化的标准，利用配给的资源，执行基本不变的作业。与运营的持续性不同，项目是临时性工作。

（2）项目管理和战略管理

开展项目（或项目集）是为了实现战略业务目标。现在，很多组织都采用正式的组织治理流程和程序来管理战略业务目标。组织治理规则的战略管理对项目有强制性的制约作用，当项目所交付的服务将受制于严格的组织治理时，情况尤其如此。

项目产品或服务能够在多大程度上支持组织治理，这可能是判断项目成败的依据。所以，项目经理必须了解与项目产品或服务相关的公司/组织治理政策和程序。例如，某个组织已经制定了支持可持续发展的政策，那么新办公楼建设项目的项目经理就必须了解与工程建设有关的可持续发展要求。

1.2.3　项目管理办公室

项目管理办公室（Project Management Office，PMO）是对与项目相关的治理过程进行标准化，并促进资源、方法论、工具和技术共享的一个组织部门。PMO 的职责范围可大可小，从提供项目管理支持服务，到直接管理一个或多个项目。有几种不同类型的 PMO，它们对项目的控制和影响程度各不相同，例如：

（1）支持型

支持型 PMO 担当顾问的角色，向项目提供模板、最佳实践、培训，以及来自其他项目的信息和经验教训。这种类型的 PMO 其实就是一个项目资源库，对项目的控制程度很低。

（2）控制型

控制型 PMO 不仅给项目提供支持，而且通过各种手段要求项目服从管理，例如要求采用项目管理框架或方法论，使用特定的模板、格式和工具，或者服从管理。这种类型的 PMO 对项目的控制程度属于中等。

（3）指令型

指令型 PMO 直接管理和控制项目。这种类型的 PMO 对项目的控制程度很高。PMO 从公司战略项目中获取数据和信息，进行综合分析，评估项目服务于战略目标的程度。PMO 在项目组合、项目集、项目与公司考评体系（如平衡计分卡）之间建立联系。

除了被集中管理以外，PMO 所支持和管理的项目不一定彼此关联。PMO 的具体形式、职能和结构取决于所在组织的需要。为了保证项目符合组织的业务目标，PMO 可能有权在每个项目的生命周期中充当重要干系人和关键决策者，有权提出建议，有权根据需要中止项目或采取其他行动。此外，PMO 还可能参与共享资源或专用资源的选择、管理和调配。

第三节　项目管理知识体系

项目管理知识体系（Project Management Body of Knowledge，PMBOK）是由美国项目管理协会提出的，总结了项目管理时间中成熟的理论、方法、工具和技术，同时也包括很多富有创造性的新知识。这是一个动静结合的整体，从动态上来看，项目管理包括启动过程、计划过程、执行过程、控制过程、收尾过程五大过程；从静态上来看，项目管理包括十大知识体系，即项目整合管理、采购管理、范围管理、时间管理、成本管理、质量管理、人力资源管理、沟通管理和风险管理。接下来，我们分别谈谈这五大管理过程和十大知识体系。

1.3.1 五个管理过程

表 1-2 项目管理五大过程

项目过程组	描述	常见术语
启动	启动是一种认可过程，用来正式认可一个新项目或新阶段的存在。批准项目或项目的某个阶段，对项目的初始阶段进行总的评审。	“初步计划” “项目启动”
计划	定义和评估项目的目标，并且选择实现项目目标的最佳策略，确认项目流程，确认项目详细计划、评审计划、批准项目计划等。	“明确目标” “制订计划” “划分阶段”
执行	充分调动资源，组织和协调各项任务工作，保证项目人员完成既定工作计划、目标，完成项目。	“实施计划” “完成计划” “协调”
控制	制定标准，监控和评估项目的偏差，分析差异和问题。在必要时采取纠错行动，从而保证项目计划的顺利执行，实现项目目标。	“跟踪进度” “把控方向”
收尾	完成项目移交的准备工作，正式验收项目，使其按照程序结束并完成项目文档等。	“客户交收” “交接” “竣工”

1.3.2 十大知识体系

表 1-3 项目管理十大知识体系

知识领域	描述	常见的可交付物
项目整合管理	保证各项目各要素的协调运作，确保整个项目的成功。	项目章程； 项目计划； 变更请求
项目范围管理	为完成项目所包括的且仅包括的所有工作。	工作分解结构； 范围说明
项目时间管理	确保项目按既定的时间完成而进行的工作。	网络图； 任务估算； 项目进度计划

续表

知识领域	描述	常见的可交付物
项目成本管理	为确保项目在不超过预算的情况下完成全部工作。	项目估算； 项目预算
项目质量管理	为确保项目的质量而进行的工作。	质量管理计划； 质量审核
项目人力资源管理	为有效利用项目所涉及的人力资源而进行的管理工作。	组织结构图； 绩效评估
项目沟通管理	为确保有效并及时生成、收集、储存、处理和使用项目信息而进行的工作。	沟通计划； 现状报告； 演讲展示； 经验教训
项目风险管理	为确保成功识别项目风险、分析项目风险、应对项目风险而进行的工作。	风险管理计划； 风险应对计划； 风险记录单
项目采购管理	为确保能够从项目组织外部寻求和获得项目所需的各种商品和劳务而进行的管理活动。	采购计划； 工作说明书； 合同
项目干系人管理	识别、规划和管理项目的相关方、各类干系人。	干系人清单

1.3.3　五大过程组与十大知识领域之间的关系

项目管理中有三维：时间维度、管理维度和知识维度，相互依存且缺一维不可。在时间维度上，项目分为四个阶段，启动、规划、执行和收尾。在管理维度：项目管理有五大过程组：启动过程组、规划过程组、执行过程组、监控过程组以及收尾过程组。五大过程组贯穿在项目四个阶段中，每一个阶段均包含五大过程组。五个过程组又分为47个子过程，共分为十大知识领域：整合管理、范围管理、进度管理、成本管理、质量管理、资源管理、沟通管理、风险管理、采购管理以及干系人管理。

表1-4　项目管理过程与知识领域之间的关系

知识领域	项目管理过程组				
	启动过程组	规划过程组	执行过程组	监控过程组	收尾过程组
4. 项目整合管理	4.1 制定项目章程	4.2 制订项目管理计划	4.3 指导与管理项目工作 4.4 管理项目知识	4.5 监控项目工作 4.6 实施整体变更控制	4.7 结束项目或阶段
5. 项目范围管理		5.1 规划范围管理 5.2 收集需要 5.3 定义范围 5.4 创建 WBS		5.5 确认范围 5.6 控制范围	

续表

知识领域	项目管理过程组				
	启动过程组	规划过程组	执行过程组	监控过程组	收尾过程组
6. 项目进度管理		6.1 规划进度管理 6.2 定义活动 6.3 排列活动顺序 6.4 估算活动持续时间 6.5 制订进度计划		6.6 控制进度	
7. 项目成本管理		7.1 规划成本管理 7.2 估算成本 7.3 制定预算		7.4 控制成本	
8. 其他项目质量管理		8.1 规划质量管理	8.2 管理质量	8.3 控制质量	
9. 项目资源管理		9.1 规划资源管理 9.2 估算活动资源	9.3 获取资源 9.4 建设团队 9.5 管理团队	9.6 控制资源	
10. 项目沟通管理		10.1 规划沟通管理	10.2 管理沟通	10.3 监督沟通	
11. 项目风险管理		11.1 规划风险管理 11.2 识别风险 11.3 实施定性风险分析 11.4 实施定量风险分析 11.5 规划风险应对	11.6 实施风险应对	11.7 监督风险	
12. 项目采购管理		12.1 规划采购管理	12.2 实施采购	12.3 控制采购	
13. 项目相关方管理	13.1 识别相关方	13.2 规划相关方参与	13.3 管理相关方参与	13.4 监督相关方参与	

第四节　项目生命周期

项目与项目管理都是在比项目本身更大的环境中进行的。理解这个大环境，有助于确保项目执行符合组织目标，项目管理符合组织既有的实践。本节介绍组织对项目人员配备、项目管理和执行方法所产生的影响，讨论干系人对项目及其治理的影响、项目团队的结构和成员构成，以及项目生命周期内的阶段划分和活动间的关系。

一个项目从开始到结束形成了一个完整的生命周期。

我们可以按项目技术成果的完成和技术任务的交接，来划分项目周期的不同阶段，具体来说，当你想要开始一个项目时，首先会去评估这个项目实施的可能性，也就是我们常说的可行性分析。正如在玄奘开启“西天取经”这个项目之前，极有可能也是对完成这个项目的主客观条件进行过综合分析以后才决定启程的。而这个评估的阶段在项目确定开始之后即可作为第一个阶段。

一个重要的技术成果完成了，就标志着一个阶段结束。把这个技术成果移交给下一个阶段使用，就构成技术任务的交接，标志着项目进入下一个阶段。这种描述项目每个阶段需要完成什么技术任务的项目周期，就是项目的生命周期。项目的生命周期具体包括项目的时限、阶段、任务和成果几个方面的内容。

1.4.1　项目生命周期的阶段划分

大多数的项目被划分为四至五个阶段，但也有一些项目被划分为九个甚至更多的阶段。在研究项目生命周期各种各样的理论中，项目生命周期四个阶段划分的观点被人们广泛接受，即：

第一阶段：识别投资人的需求；

第二阶段：提出解决方案；

第三阶段：具体执行项目；

第四阶段：项目结束阶段。

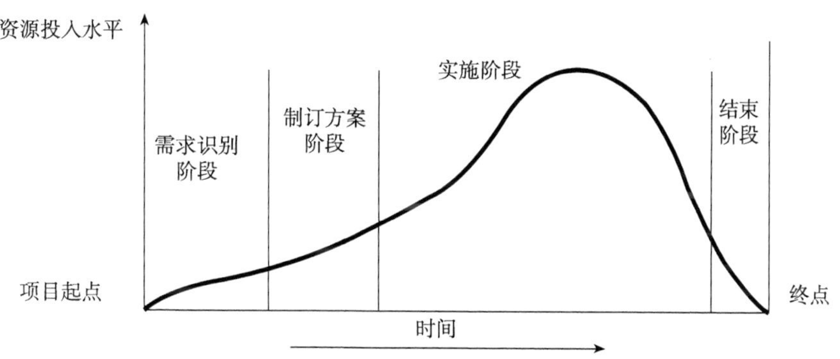

图1-3　项目生命周期与资源投入水平的关系

对于项目生命周期，需要注意以下几点：

不同类型的项目由不同的项目生命周期阶段划分；

项目生命周期中的每一个阶段都可看作一个单独的项目；

一般情况下，应该是一个阶段结束后另一个阶段才开始，但是，如果涉及的风险不大，可以在这个阶段结束前就开始下一个阶段（但主要经过适当的批准程序）；

如果一个项目包括几个相对独立的部分，项目生命周期的各阶段可在组成部分上重复进行；

一个阶段的结束并不一定意味着下一个阶段的开始。

1.4.2 项目生命周期与项目管理过程组的区别

项目的生命周期将项目分为“识别需求、提出解决方案、执行项目、结束项目”四个阶段。

生命周期的概念是描述项目从开始到结束所经历的各个阶段，也就是通常所说的规划阶段、计划阶段、实施阶段和完成阶段。

项目五大管理过程为：启动、规划、执行、监控、收尾。

五大管理过程可以说是在项目生命周期的四个阶段的基础上进一步细化，使项目在整个生命周期内都能够得到全面的管理。

项目生命周期四个阶段是指项目的固有生命周期，而五大管理过程则是指该项目的项目管理生命周期。前者侧重于一种固有模式，而后者则更侧重于管理，不同的项目，其生命周期都是同样的四个阶段，但是对于项目管理而言，则意味着不同的管理模式、方法以及侧重点。

两者的相同之处在于，生命周期是一样的，都是贯穿于整个项目建设阶段（包括完工），加上后期的生产运营阶段就构成了产品的生命周期。

项目的生命周期包括 4 个阶段，是从项目实现过程的角度考虑的，是一次进行的，不可能重复。而项目管理的 5 个工作过程并不是独立的一次性过程，它贯穿于项目生命周期的每一个阶段，项目的任何一个阶段都包含一个或几个“启动—规划—执行—控制—收尾”的管理工作过程。

表 1－5　项目生命周期与项目管理过程组的区别

项目生命周期	项目管理过程组
按技术工作划分阶段	按管理工作划分阶段
每个阶段产出技术成果，涉及技术工作交接	每个阶段产出管理成果，涉及管理工作交接
通常一个阶段接一个阶段（首尾相接），特殊情况下可部分交叉	各阶段通常相互交叉，不是严格地一个接一个
每个阶段可看作子项目	可在项目生命周期的各阶段重复进行
不同类型项目，阶段划分差别较大	所有项目的阶段划分都一样

1.4.3 从现实应用角度看项目管理

项目管理是一系列的工具与技术，用来组织、计划与管理项目工作，将各种知识、技能、工具和技术应用于项目活动，以达到项目的要求。

换句话说，当我们明确一个项目之后，需要着手开始做这个项目的时候就需要一个明确和系统的过程，而这个过程的参与不仅有人员，还有资源等，我们需要做的就是把这些人力和物力有机地结合起来，使之发挥其效用最大化，最终完成这个项目。

同时，项目管理也是一门独特的管理哲学，不仅采用横向式管理，强调团队成员之间的横向合作以及上下级之间的较大平等性，而且也是一种整合式管理，强调把各专业、各部门整合在一起，完成共同的任务。项目管理拥有崭新的思维方式，在长期实践中逐步发展起来一系列独有的工作理念，比如项目管理要求依靠临时、多样性的项目团队完成工作任务等。要想成功管理一个项目，就需要做到以下几点：

通过与主要项目干系人的沟通，了解他们对项目的利益追求；

权衡不同干系人之间的利益矛盾，寻找最佳平衡点；

把经权衡的利益追求表述为包括项目范文、时间、成本与质量等在内的项目要求，建立明确、具体、现实可行的项目目标；

把项目目标转化为具体的实施计划，组建项目团队实施；

把项目进展情况进行动态监督与控制，及时纠正偏差，保证项目顺利进行；

对项目阶段或整个项目进行正式的收尾工作，结束阶段或整个项目。

第五节　项目组织和项目团队

1.5.1　项目组织

(1) 项目组织简介

项目组织是指为了完成某个项目活动而形成的临时性组织，其成员可能来自不同的部门，不同的专业。根据项目活动的不同，项目组织可以由少量的人员组成，也可能由大量人员构成，通常不受现有职能部门束缚，但也不能代替各职能活动。

项目组织与其他组织一样，要有良好的领导、章程、沟通、人员配备、激励机制，以及良好的组织文化等。

(2) 项目组织的类型及其优缺点

组织结构是组织内部结构要素相互作用的联系方式或形式，是组织内部构成部分所规定的关系的形式。一般来说，项目的组织结构有三大类型：职能型、项目型和矩阵型。

①职能型项目组织

假设有 A、B、C 三个不同专业的职能部门，目前有一个项目需要三个职能部门的配合，于是由 a、b、c（分别来自职能部门 A、B、C）三位成员组成一个新的项目组织，但在这种组织形式下，三位成员仍然归属原来的职能部门并且由原职能部门经理直接管理，有任何项目上的问题，则由三位部门经理进行沟通。

换句话说，在这种组织形式下，项目组成员归各自原来的职能部门上司直接管理。如图 1－4 所示。

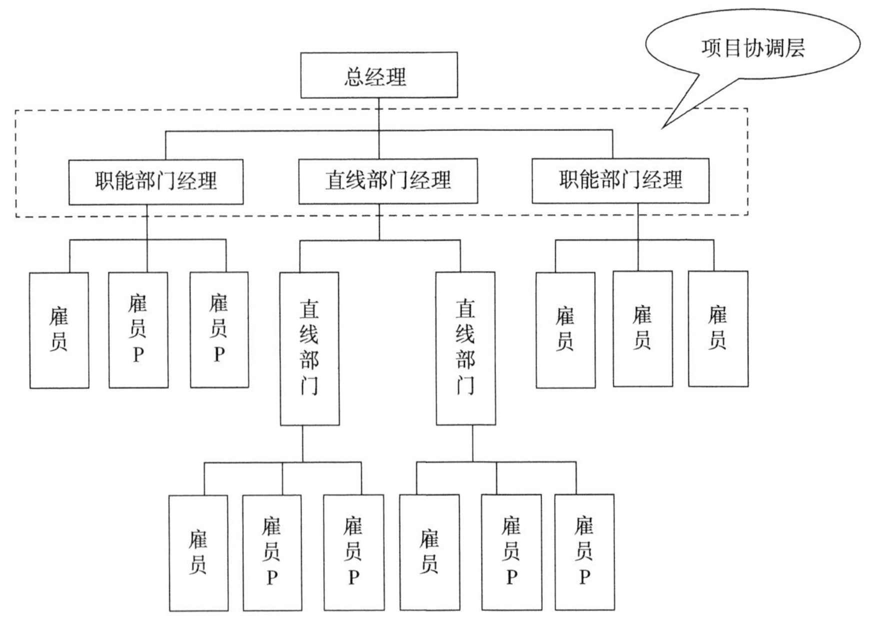

图1－4 职能型项目组织

②项目型项目组织

项目型项目组织又称线型组织结构。与职能型项目组织结构完全相反，其系统中的部门全部是按项目进行设置，每一项目部门均有项目经理，负责整个项目的实施。

项目组织中的成员均由项目经理进行分配和管理，项目经理具有绝对权力和较大的独立性，对整个项目负责。项目型项目组织的设置完全是为了迅速、有效地对项目目标和客户需要作出反应，这种结构更适用于一些涉及大型项目的公司，这类大型项目价值高、期限长。如图1－5所示。

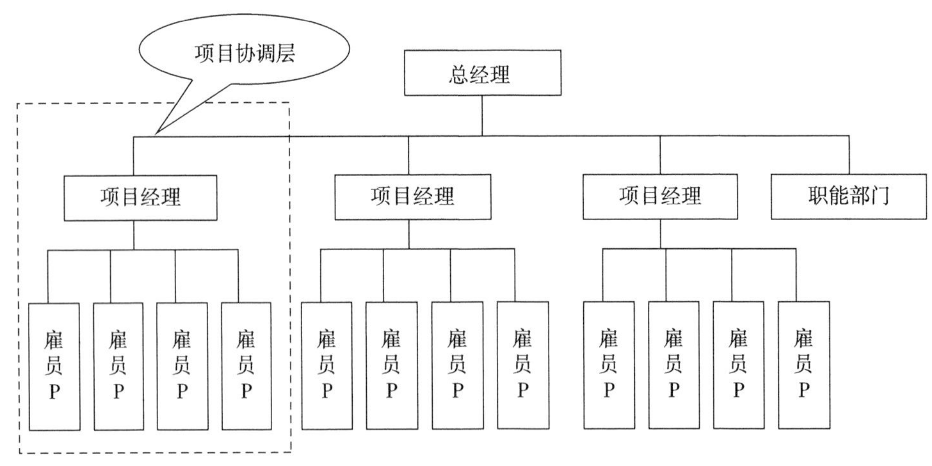

图1－5 项目型项目组织

③矩阵型项目组织

矩阵型项目组织是职能型项目组织结构加项目型项目组织结构的一种混合体。它既有项目型项目组织结构注重项目和客户的特点，也保留了职能型项目组织结构的职能特点。其中，项目经理对项目的结果负责，而职能经理则负责为项目的成功提供所需资源项。

根据项目组织中项目经理和职能经理责、权、利的大小，又可以分为弱矩阵式、平衡矩阵式、强矩阵式三种形式。

弱矩阵式：项目经理有职无权，负责协调各项项目工作，但项目组各成员仍为各职能部门服务。如图 1－6 所示。

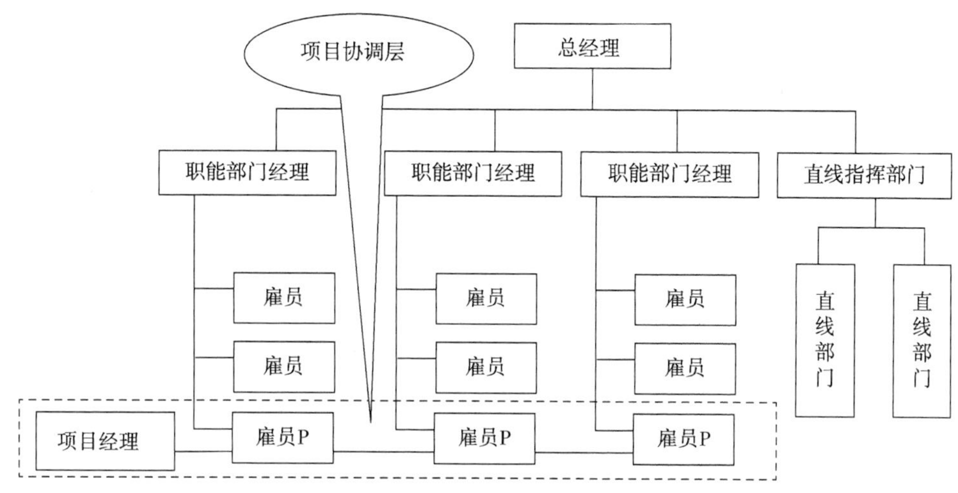

图 1－6　弱矩阵式项目组织

平衡矩阵式：项目经理负责监督项目的执行，各职能部门经理对本部门的工作负责。项目经理负责项目的时间和成本，职能部门经理负责项目的界定和质量。在实际项目工作中，这种形式的尺度较难把握。如图 1－7 所示。

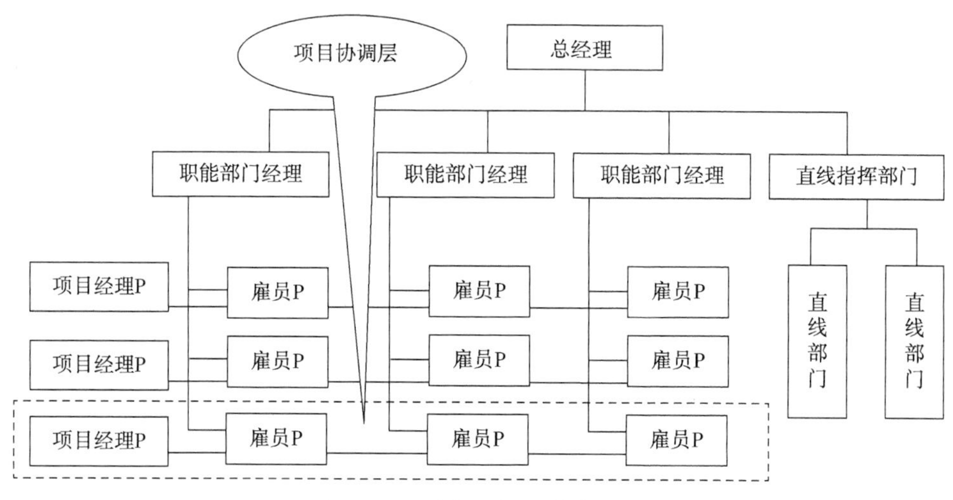

图 1－7　平衡矩阵式项目组织

强矩阵式：项目经理拥有对项目实施和控制的绝对权力，而职能部门经理主要是辅助作用。强矩阵式组织类似于项目式组织，项目经理决定什么时候做什么；职能部门经理决定派哪些人，使用哪些技术。如图 1－8 所示。

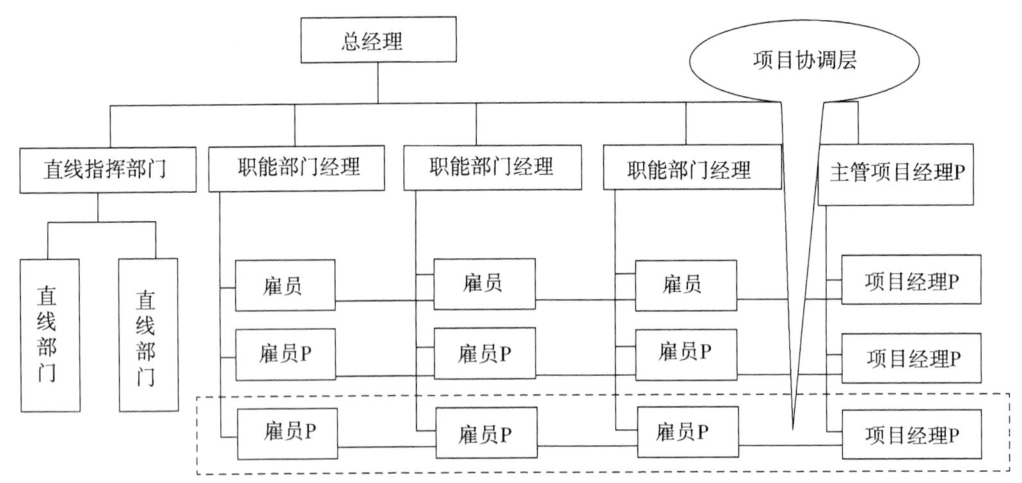

图 1－8　强矩阵式项目组织

（3）三种项目组织形式的比较

表 1－6　三种项目组织形式的比较

名称	职能型	矩阵型			项目型
		弱矩阵	平衡矩阵	强矩阵	
项目经理的权限	很少或没有	有限	小到中等	中等到大	很高，甚至全权
全职工作人员的比例	几乎没有	0～25%	15%～60%	50%～95%	85%～100%
项目经理投入时间	半职	半职	全职	全职	全职
项目经理的常用头衔	项目协调员	项目协调员	项目经理	项目经理	项目经理
项目管理行政人员	兼职	兼职	半职	全职	全职

表 1－7　三种项目组织形式的优缺点

组织结构	优点	缺点
职能型	没有重复活动 职能优势	狭隘，不全面 反应缓慢 不注重客户
项目型	能控制资源 对客户负责 成本较低	项目间缺乏知识信息交流
矩阵型	有效利用资源 所有专业知识可供项目使用 促进学习、交流知识 沟通良好 注重客户	双层汇报关系 需要平衡权力

1.5.2 项目团队

(1) 项目团队的定义

团队就是指为了达到某一确定目标，由分工与合作及不同层次的权力和责任构成的人群。

而项目团队，就是为了适应项目的实施及有效协作而建立的团队。

(2) 项目团队的建立

一支优秀的足球队不仅要有能够胜任各关键位置的球员，还要求球员之间能够配合默契。找到优秀的项目人员，并将他们组织起来，建立起广泛的信任基础，并促进真正的合作，才能真正形成项目团队。

(3) 项目团队的发展

一个项目团队从建立开始，必然需要经历磨合阶段，为了让团队更好地发展、更为默契的配合，磨合显得格外重要。大部分情况下，项目团队都是临时组建的，各成员之间熟悉度和默契度不够，所以在初期会出现较多问题。这个时候就需要项目经理有较高的敏锐度发现每一位成员的优势和劣势，同时有较高的情商可以处理成员之间的冲突，还需要以公平公正的态度对待每一位成员。一个项目团队的生命历程，一般要经历形成、磨合、规范、执行和解散五个阶段。

第六节 价值与挑战

1.6.1 项目管理的价值

随着组织运作环境的全球化，竞争越来越激烈，要求也越来越苛刻，组织必须适应这些变化，提高效率和生产力，以更少的资源完成更多的事情。此外，组织还须持续创新，对快速变化的环节作出快速反应。高效的项目管理可以为组织带来以下好处：

提供有效控制方式，以快速响应变化的市场条件以及新的战略计划；

通过创造有所侧重的和开放交流的环节，尽可能提高组织的创新能力；

使组织能够以较少的成本实现更多任务；

使组织更好地利用内外部人员的专业技能；

提供关键透明的项目度量指标，以便管理层更好地决策；

促使项目干系人更快、更全面地接受战略性变化；

通过在项目初期取消不良项目投资以减少财务损失。

项目管理除了能为组织提供以上价值外，对个人来说，也具有极大的价值：

在国际上，项目管理认证（PMP）已经超过 MBA、MPA。项目管理在航天、电子通信、计算机、软件开发、建筑、制药、金融等行业有广泛应用，中国在未来三年内将需要 70 万名项目管理人才，在国内 PMP 认证已引起中国项目管理专业人员、新闻媒体以及政府机关，特别是企业界的广泛关注，在人才市场上 PMP 项目经理的供给远远不能满足企业的大量需求。PMP（项目管理师）已经成为通向成功之路的“黄金职业”。统计表明，全球年销售收入在5亿美元以上的企业中有86%聘用了具有项目管理资质的项目经理。国际投资银行家认为，中国正在变成一个世界最大的项目工地。项目管理人才已成为中国目前最紧缺的人才，同时也是跨国公司进入中国争夺人才的新热点。

1.6.2 项目管理的挑战性

从项目的性质和经验等方面来说，成功完成一个项目并不是一件容易的事情，项目管理的挑战性主要体现在以下几个方面：

未知性：项目都是独一无二的。项目团队现在需要完成的工作此前可能从未做过。

项目预期：每个项目都有着许多的项目干系人。不同的项目干系人的需求和期望也不同。

沟通障碍：由于组织自身边界复杂、沟通渠道多样，以及团队会经历不同发展阶段，应积极主动进行沟通管理，以确保项目信息沟通顺畅。

需求的制约与平衡：每个项目都是利用给定的资源，使用预先确定的预算（成本），在指定的时间段内（时间）提供一个或多个项目提交物（项目范围）。而且，项目提交物应达到一定质量标准（质量），获得主要干系人的认可（项目预期）。这些因素彼此间互相影响，因此，如果需要增加功能性的要求（扩大项目范围或提高质量），项目的周期和成本（投入的资源）就要增加。高效的项目管理必须关注这种关系。

前沿技术：项目通常都具有一个战略上的创新的焦点。因此，项目往往会涉及全新的前沿技术，这样一来，项目会面对更多风险及未知因素，更加难以准确评估。

组织内部影响：除了要克服项目成员结构造成的沟通障碍之外，项目经理还要应对组织审批和授权方面的重叠，取得共享资源的优先使用权，并处理好可能与项目资金需求不一致的年度预算周期，确保项目与组织的关注点一致。

团队合作：根据项目的战略层次和范围，项目团队由来自组织内不同职能部门的项目干系人组成，他们可能并不习惯在一起工作。为获得成功，这些项目干系人必须学会协同工作，理解彼此的观点，作出对项目最有利的决策。通常来说，在整个协作过程中，项目经理会起到关键的促进作用。

工作量估算：项目的工作量不好估算，项目的时间及成本开销却要基于项目工作量来确定。鉴于项目工作通常都是独一无二的，而且大多数组织都无法保存过往项目的准确历史资料，因此难以准确地估算单个工作项的工作量，更不用说整个项目的工作量了。对于整个项目来说，我们需要预估可能出现的问题和障碍的数量及其严重程度。

综合练习

一、选择题

1. 关于项目和运作，下列哪项描述是正确的？（　　）

A. 项目受到有限资源的约束，而运作没有这样的约束

B. 项目和运营主要区别是运营是重复的，项目是临时的

C. 由于项目所要达到特定目标不同，所以项目是独特的，而运作是重复的

D. 运作工作不能被定义为项目

2. 下列哪个不是项目的特点？(　　)

A. 被有限的资源约束

B. 需要规划，执行和控制

C. 创建独特的产品或服务

D. 是持续的重复的

3. 你被指责范围说明书里面某些规格描述不符合SMART目标原则，何谓SMART目标？(　　)

A. 目标要比成功完成项目所必需的详细得多

B. 更容易实现的目标，可以帮助降低你的压力

C. 目标必须可以实现以便于得到客户和项目出资人的正式赞誉

D. 目标必须描述得明确、可衡量、指定的、现实的和有时间限制

4. 涂料厂发起项目来建立个对有毒物质的操作指南，这是因为下列哪个原因启动项目的例子？(　　)

A. 市场需要　　B. 客户需要　　C. 法律要求　　D. 技术改进

二、简答题

1. 什么是项目？项目与运营有什么区别？

2. 什么是项目管理？请用自己的语言从多个角度加以叙述。

3. 什么是项目的十大知识体系、五大管理过程？

4. 项目组织有哪些形式？它们的区别是什么？

5. 目前项目管理存在哪些价值？未来又将面临哪些挑战？

第二章　项目启动

导入案例

在 2018 年 3 月，在南方建筑设计院院长的指示下，由档案室牵头，项目管理专家参与，起草了一份《南方建筑设计院档案管理软件开发项目需求建议书》（即招标书），并在报纸上公布。在需求建议书中，给出了以下主要信息：南方建筑设计院向软件开发承约商征求档案管理软件开发；承约商必须最迟在 2018 年 4 月 30 日前向南方建筑设计院提交《南方建筑设计院档案管理软件开发项目申请书》（即投标书）；南方建筑设计院将在 5 月 15 日前选中一家承约商；该项目完成的期限为 6 个月，从 7 月 1 日到 12 月 31 日，所有的交付物必须不迟于 12 月 31 日提供给南方建筑设计院；合同必须以一个商定的价格，向满足建议书要求的承约商付款。

多家软件开发公司在报纸上看到项目需求建议书后，纷纷编制申请书，并寄发给南方建筑设计院。最后，东华软件开发公司经过激烈竞争，以 35 万元的价格承接了此项目。东华软件开发公司经过研究，决定由陈明出任此项目的项目经理。

思考与讨论

1. 东华软件开发公司接到这个项目应该如何做好管理，才能如期完成？
2. 什么是项目章程？项目章程的主要作用是什么？
3. 项目章程应该包含哪些主要内容？
4. 项目经理在项目启动过程中起什么作用？
5. 这个项目中如何确定项目干系人？
6. 项目干系人如何管理？谁来管理？
7. 项目经理应该具备什么素质和能力？

本章内容提要

上一章我们介绍了项目管理的基本知识，了解了项目管理的五大过程组，即启动、计划、实施、监控和收尾。在决定启动一个项目之后，项目管理者（项目经理）要经过制定目标、工作分解、活动排序、综合计划、团队实施、动态监控、项目收尾和项目后评价八个主要步骤（见图 2－1）。

项目配置管理要求
审批要求

第二节　确定项目目标和任务

2.2.1　弄清项目任务，明白自己应该做什么

接手一个项目，你首先要弄清楚这个项目的目标是什么，项目背后有哪些隐藏的需求，然后再来组建一支项目团队，进行项目分工和计划等工作。因此，我们先应该进行项目分析，而项目分析的首要工作就是弄清项目任务是什么。我们项目的可交付成果是什么？这个成果需要达到什么样的质量及技术指标？在什么期限完成？如何合理安排工期？需要多少成本来完成这些工作？有没有需要外部协调的地方？需要提前采购吗？

这就好比打猎一样，我们首先要清楚目标在哪里，然后才能采取行动。如果胡乱打一通，不仅会浪费力气，还可能打不到猎物，运气不好的话还会伤了你的同伙。只有正确地理解了领导交代的项目任务，我们才不会把事情做错，也才可以实现项目目标。

很多公司在创立初期，经常出现工作结果和预期目标不符合的问题，让公司陷入危机。那时候，研发团队内外都承受了很大的压力。在访问了一些员工之后得知，大部分项目经理在领导分配任务后，竟然不清楚自己应该在什么时间执行任务、什么时间完成、怎么去操作、具体完成到什么程度才算合格等。这些人习惯于听到任务以后，什么都不考虑，召集几个员工就埋头干起来，也不管自己理解的任务跟领导交代的任务是否一样。

这种工作态度固然值得提倡，也令人敬佩。不过，这并不意味着他们是合格的项目管理者。合格的项目管理者应该按照领导的意图做正确的事，而且是高效地做事。然而，更多的人会把问题归咎于上级领导，认为领导没有把项目任务交代清楚。事实上，领导交代不清楚是一方面的原因，更主要的问题在于自己。

一方面，可能是项目经理在接受任务时，没有认真听好、听对项目任务，结果造成对项目任务的误解。为了避免这种情况再次发生，当上级领导或客户给项目经理交代项目任务时，项目经理一定要记录有关任务的关键信息，偶尔还要记录领导或客户当时的情绪状态，方便对任务的理解。

另一方面，有可能是领导确实遗漏了一些项目工作的信息，造成项目经理对项目工作的误解。这个时候，项目经理就要第一时间向领导进行确认，了解项目工作的真正诉求。如果项目经理在工作任务安排给项目成员以后，或者在项目工作执行期间才找领导或客户确认，就会做很多的无用功。这样做的结果既耽误了项目工期，也给领导或客户留下了不好的印象。

多方观察来看，现在很多项目经理在这一方面的意识还是比较弱的，这也造成了不少项目团队总是返工、返工再返工。于是，领导就会抱怨："这个项目经理的领导能力真差。"项目成员也不会闲着，他们也会抱怨："为什么每天早出晚归，废寝忘食地工作，做完以后才被告知做的工作都是没用的。这本来就是项目经理没弄清楚，是他的责任，凭什么这个黑锅要我们来背？"

可见，没有目标的行动都是徒劳无功的。由此，管理学之父彼得·德鲁克的亲传弟子詹文明先生才感慨道："他们忙，忙对了地方吗？我们先要确定他们忙的是不是正确的事。"所以，你应该弄清楚自己应该做什么，应该清楚自己的目标。明确了目标之后再采取具体的行动，才不会像无头苍蝇一样，飞到哪里是哪里。项目任务的目标明确了，项目成员才能有正确的工作方向，整个项目团队就能少走弯路，自然也能更快速地完成项目任务。目标是指引组织成员努力的方向，如果搞不清组织的目标，执行力越强，就在错误的方向上走得越远。明确自己应该做什么，才是开展所有工作的前提。

2.2.2　接受项目任务，从内到外地接受并支持

一些项目经理看到领导要给自己安排新任务，心里就不踏实，生怕给自己安排麻烦事。一旦觉得领导交代的任务不容易解决，就会绞尽脑汁地推脱，不愿意把担子承担下来。

然而，组织得以高效运行的一个基础条件就是有命必行。如果所有项目经理觉得领导安排的项目任务有困难就选择退缩，那么这家企业就很难有长足的发展，而项目经理也不太可能有好的发展前景。所以，服从是行动的第一步，服从也是完成项目工作的一个前提条件。

从项目经理的角度来看，必须要有很强的服从意识。因为领导的地位、责任使他有权发号施令；同时领导的权威、整体的利益不允许下级抗令而行。在一个组织中，如果下级不能无条件地服从领导的命令，那么在实现共同目标时，则可能产生障碍；反之，就会发挥出超强的执行能力，使组织胜人一筹。还有一种情况，当项目经理与客户直接对接时，项目经理更应该有服从意识。客户是上帝，得罪客户的事情要尽量少做。从领导者的角度来看，领导在安排工作任务前，大多已经预估工作时间，并做好了工作计划，而且在心中也有了最佳人选。如果项目经理一口回绝，势必影响管理者对你的看法，也会打乱他原有的工作计划，这对项目经理的发展很不利。

所以，项目经理可以对领导安排的项目保留意见，但并不意味着可以抗拒。项目经理需要通过一些策略性技巧表现出服从性，同时还保留自己的主见。

对于领导的安排，不管内心的想法如何，你的第一反应应该是试着接受，并全力寻找最好的执行方案。作为下级，你必须符合领导的基本期望并遵守组织中的管理伦理，这样才是一位合格的职业人士。因此，项目经理要及时地回应对方，如果确信自己能够完成，就要让领导感受到自己的自信，让领导放心；如果的确存在困难，也要客观地将困难表述出来，让领导知道应该怎样给你提供帮助。

另外，即使是面对高标准、高要求的项目任务，项目经理也不要惧怕，更不能推辞。一方面，这是让你脱颖而出的一个机会；另一方面，领导分配这样的任务给你，说明他愿意给你提供学习的机会。即使你没有信心，他也会给你提供帮助，你只需要鼓足勇气，认认真真去做就好了。事在人为，你至少要在姿态上做到这一点。

有时候，项目经理总会遇到一些不愿意去做的事情，这时就应该想想，这种事情总要有人做，难道让领导自己去做？

考虑清楚了，项目经理就要接受任务，然后准备大干一场。一方面，你可以获得领

导和同事的尊重和肯定；另一方面，你可以积累工作经验和培养工作协调能力。说不定，这是一次让你被领导重新认识和肯定的机会。

总之，项目经理要大胆地接受项目任务，不要把领导交代的项目当成负担。只有当我们抱着积极的工作态度时，我们才有可能轻松地做事，也才能把工作做得更好。

2.2.3　目标与任务展开

有时候，项目任务是一个繁杂的工程，不是短时间内就能够完成的。作为项目经理，你需要学会把项目目标和任务展开，让复杂的任务简单化，项目成员执行起来也会轻松很多。

在项目管理中，项目经理应该把项目总目标展开，然后根据细化的目标确定工作任务。如果只有一个大的目标，就很难确定具体应该做什么，需要确定哪些工作岗位。

这就好比我们要建一栋房子，我们自然先要在心里有个底：房子总面积多少？要盖几层楼？要几间卧室？卧室和客厅多大空间合适？有了这些精确的数字，我们就能够在规定的时间内建成质量合格的房子。只有把目标展开了，我们才能更好地界定具体的工作任务，也才能有序地执行项目工作。让员工了解工作目标、对策、职权以及遇到问题时的求助者是十分必要的，当各岗位员工明确了相关岗位的目标与责任，就便于其与各方取得联系、协调；而管理者明确了目标与责任，也易于从总体上把握目标的协调平衡性，控制目标按时完成。

在具体的目标分解过程中，项目经理要综合考虑个人完成工作的能力发展潜力及资源条件等因素，将目标任务的表述细化至单位时间与工作细节，甚至包括工作的交接人员与支持人员。按照自上而下的层次关系，最终形成目标展开图。岗位职务高的，目标责任也要大；反之，目标责任就小些。形成目标展开图之后，项目经理就可以针对具体的目标来确定工作任务，然后在此基础上挑选合格的岗位负责人。这样就能做到科学、合理的分工，从而高效地完成项目工作。

所以，接受任务以后不要急着去行动，而是要将总目标逐一分解。目标分解得越详细，工作任务就越明确，执行起来就越轻松。

2.2.4　执行单元细化法——SMART 原则

目标和任务虽然展开了，但目标是否具有操作性也是项目经理值得重视的问题。假设你是一个好厨师，要给客人做一顿饺子，你当然可以做出来而且口感不错。问题是，当司务长告诉你饺子要体现出厨房的精神，经理告诉你饺子要体现出酒店的风貌，街道办事处主任告诉你饺子要体现出街道的特色，区长告诉你饺子要体现出区里的规划，而市长还嘱咐你饺子需要体现出这个城市的发展的时候，你还能做出什么样的饺子呢？笔者想，只能是春晚了。虽然这是一个笑话，却折射出了我们在工作中容易进入的一个误区：只知道大概要做成什么事，却不知道具体应该如何入手。

事实上，大多数项目工作不能够得到有效执行，真正的原因是目标模棱两可，不能给人具体的行动指引和建议，从而造成执行结果与目标迥异的效果。推荐使用目标 SMART 原则来使执行单元细化。

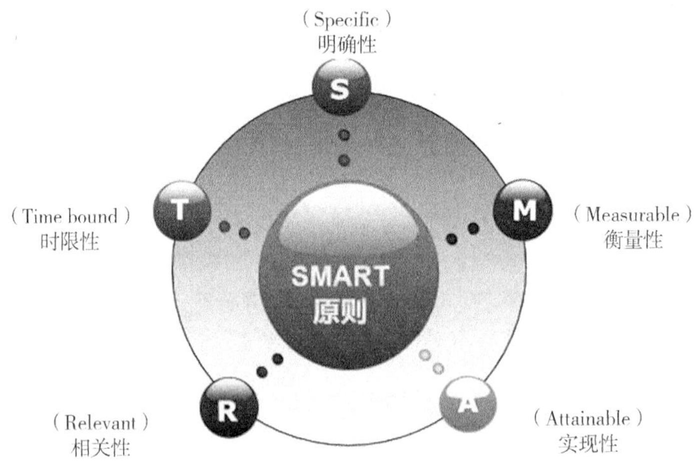

图 2-4　目标 SMART 原则

(1) S (Specific) 明确性

目标是具体的、明确的，要求目标的设置要有项目、衡量标准、达成措施、完成期限以及资源要求，能够很清晰地看到部门或个人计划要做哪些事情，计划完成到什么样的程度。

(2) M (Measurable) 衡量性

在执行目标时，必定会考虑到时量、数量和质量 3 个关键的量化指标。这 3 个指标既是布置工作的要求，也是衡量工作效果的指标，贯穿于工作完成的全部过程，缺一不可。

目标的衡量标准遵循“能量化的量化，不能量化的质化”，使制定人与考核人有一个统一的、标准的、清晰的可度量的标尺，杜绝在目标设置中使用形容词等概念模糊、无法衡量的描述。

(3) A (Attainable) 实现性

实现性指目标是基于现实的并且具有一定的挑战性，目标要能够被执行人所接受。

工作目标的设置不仅要使工作内容饱满，还要具有可实现性。这样才能让我们在项目推进过程中清晰地看到执行结果是否有效。例如，“我们准备大幅度提高我们的生产能力”和“我们准备使我们的生产能力同比提高 20%”这两个目标，究竟多少才是“大幅度”是无法判断的；“目标为增长 20%”才是可以衡量的，自然也是能够顺利地实现目标。

(4) R (Relevant) 相关性

部门工作目标来源于公司整体目标，员工的工作目标来源于部门的整体目标！

季度工作目标来源于年度工作目标，月度工作目标来源于季度工作目标！

工作目标的分解要考虑部门职能、岗位职责的相关性！

要制定出切实可行的目标，需要让目标相关成员参与到目标的制定中去，既要有由上到下的工作目标协调，也要有员工自下而上的工作目标参与。

(5) T (Time-bound) 时限性

设定目标达成的时间期限。在目标执行过程中，设定中间检核点强调行动速度与反应时间，依不同期间设定阶段性目标（年度、月份、周、每日目标）。

以考勤统计为例，工作目标这样表达：“4 小时内完成 20000 人的考勤统计，形成考勤表，上报行政主管。”这样一个工作目标完整地包含了 3 个量化指标：时量“4 小时内”，数量“20000 人的考勤统计”，质量“形成考勤表，上报行政主管”。

这样一来，员工在头脑中能够清晰地形成 3 个“量”的概念，最终确保执行到位。即使是不同的员工，在执行同一项工作时，也能够达到目标要求，保证按时、同量、同质地完成任务。如果取消任何一个“量”，结果都可能出现偏差。

不过，在很多情况下，目标并非都可以拿来量化衡量。在制定目标可衡量标准时，就可以遵循“能量化的量化，不能量化的质化”的原则，使工作可以判定，从而确保目标有一个统一、清晰的衡量标准。

首先，细化目标意味着将总体目标分解成为一个个具体的小目标。这些小目标应该直指可行动的行为，最好是具有量化的评判标准。

其次，划分的标准可以是任务的阶段性，也可以根据任务量化进行划分。目标的划分不要距离过近或者过远，以适中为宜。

最后，设置可考量任务完成的标准，标准越清晰、越客观越好。当阶段性目标实现后，需要根据评价标准与目标实现情况进行比对，总结不足与进步之处，进行反馈改进。

总之，目标单元细化应该在具体的情况下具体分析。不过，除了任务本身外，完成任务的人也是需要考量的因素。

2.2.5　分目标与总目标对接

目标的细化有助于更轻松地实现总目标。但是，分目标全部实现却不代表总目标就一定能够实现。

某公司最近接到了一个大项目，要求的交货时间是本月 20 日，签单日期距离交货日期只有 10 天时间。项目经理张敏匆匆召集项目成员开会部署任务。

张敏说：“最近公司接到一个项目，对方要订购 10000 套产品，交货日期是 10 天后，也就是 20 日。按照我们设备目前的生产速度，完成这个任务是没有问题的，只是要辛苦在座的各位。接下来这几天，我希望大家能够各司其职，同心协力去达成这个目标。”听了张敏的话，项目成员纷纷表示有信心完成这项任务。

5 天后，时间过去了一半。张敏进行工作视察，成员们已经完成了 5000 套产品。她很高兴，充满自信，认为一定能按时完成任务。但是 10 天后，张敏最不想看到的事情发生了：到了交货日期，产品数量却只达到订单要求的 80%，还有 2000 套产品仍在生产中。因为在几天前，厂区所在地区的电力供应出了问题，厂里的自供电设备不足，造成了短时间的停工。

客户来提货，张敏无法按量提供货品。经过一番交涉，客户答应剩余的 2000 套产品 3 天后来取，但张敏所在公司要按合同约定赔偿违约金。

在这个例子中，张敏只是关注了整个工作完成所需要的时间，却没有考虑工作中可能出现的各种意外情况，没有做好风险准备，结果导致不能按时交货。

前面也提到，目标的分解有助于更轻松地实现总体目标。但是，项目经理应该意识到，分目标全部实现却不代表总目标就一定能够实现。所以，工作安排还要注意分目标与总目标的有效对接。

在同样的情况下，有经验的项目经理通常就会使用网络图，清晰地标示出每项工作所需要的时间。而项目的总完成时间，则是根据每一阶段工时最长的任务工时，相加来计算的。也就是说，在某一阶段，会出现一项工作完成之后形成空当，只有等待最慢的工作做完之后，才能进行接下来的工作的情况。

而在团队工作的过程中，管理者需要考虑可能出现这样的问题：分目标定得太高或太低，工作时间太短或太长。这都不利于总目标的顺利实现。

所以，我们要注意合理设置分目标，实现总、分目标的合理对接。例如，如果我们希望项目成员能够在 3 个月之内将生产率提高 15%，那么我们可以将这个最终目标先告知成员们，随后将这个大目标分成若干个小阶段。比如，每个月都将生产率提高 8%。这样，提高 15% 的目标自然容易确保完成。即使是某个阶段出了问题，多出来的 3% 的指标也可以作为一定程度的缓冲，留出余地以便进行工作调整。为了更好地实现总、分目标的完美对接，笔者认为在实施团队目标分解时，应遵循以下几个原则：

第一，按照整分原则对目标进行分解，把目标落实到不同部门。但各个分目标综合起来要能体现总目标，并能保证总目标的实现。

第二，分目标与总目标要保持方向一致，内容上下承接，相互关联。

第三，分解目标时，要考虑各分目标所需要的条件及完成分目标的限制因素，如人、财、物、协作条件和技术保障等。

第四，分目标的表达要简明扼要，有具体的目标值和完成时限要求。保证各分目标之间的工作量大小，以及处理时间等各方面的协调、平衡。

项目经理还应该意识到，虽然分目标在经过细化之后比较容易实现，但容易让项目成员迷失在当前而看不到整体局面。所以，设置分目标要预留缓冲余地，保证充分的时间和空间，才能有效地防范目标任务执行中可能出现的问题，最大限度地保证最终目标的实现。

第三节　制定项目章程

项目章程是指一份正式批准项目并授权项目经理在项目活动中使用组织资源的文件。

项目章程在项目执行组织与需求组织之间建立起伙伴关系。在执行外部项目时，通常需要一份正式的合同来确立这种协作关系。在这种情况下，项目团队成了卖方，负责对来自外部实体的采购邀约中的条件做出响应。这时候，在组织内部仍需要一份项目章程来建立内部协议，以保证合同内容的正确交付。经批准的项目章程意味着项目的正式启动。

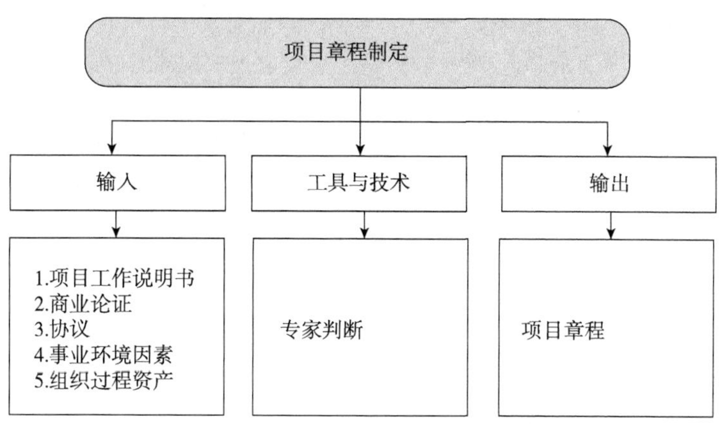

图 2－5 制定项目章程的输入输出和工具

2.3.1 什么是项目章程

项目有项目的章程，企业有企业的章程，学校有学校的章程，做临时性的项目也要有章程。制定章程实际上就是明确组织成员一切行为的最高准则。为了确保项目这个临时性任务得到必要的资源，也为了使主要项目干系人明确各自对项目的责任，就需要有一种文件来界定项目的正式存在。这个文件就是项目章程，英文称为 Project Charter。

项目章程是由项目发起人签发（可由发起人自行起草或授权项目经理起草），用来正式批准项目开始的文件。项目章程相当于项目的“宪法”，是项目的根本大法，随后的项目计划必须符合项目章程的要求与精神。项目章程要说明启动项目的理由，规定项目的总体要求，指定项目经理，授权项目经理为项目工作动用人力资源和非人力资源，还要规定主要项目干系人必须对项目提供什么样的支持。

项目开始之前，应当选拔和指定项目经理。如果公司指派你当项目经理，你应该坚持公司必须发布一份书面的项目章程，给项目一个合法的地位。你需要用项目章程来向有关项目干系人表明项目发起人对项目的支持，同时明确并向项目干系人宣布自己的权责。

现代项目管理要求我们做项目之前，一定要立下书面文件，定好书面规矩，明确各方责任，避免日后发生纠纷。那种简单靠意气做事、不编制书面文件的做法，不符合项目管理的要求。如果没有项目章程，你的工作一开始就陷入被动，你的项目一开始就得不到任何保证。

2.3.2 制定项目章程的输入

1. 项目工作说明书：内部项目为任务书；外部项目为招标文件或合同的一部分。

2. 商业论证：商业论证或类似文件能从商业角度提供必要的信息，决定项目是否值得投资。高于项目级别的经理和高管们往往使用该文件作为决策的依据。在商业论证中，开展业务需要和成本效益分析，论证项目的合理性，并确定项目边界。通常由商业分析师根据各干系人提供的输入信息，完成这些分析。发起人应该认可商业论证的范围和局限。

3. 协议：协议定义了启动项目的初衷。协议有多种形式，包括协议、谅解备忘录（MOUs）、服务品质协议（SLA）、协议书、意向书、口头协议、电子邮件或其他书面协议。通常，为外部客户做项目时，使用合同。

4. 事业环境因素：能够影响制定项目章程过程的事业环境因素，包括（但不限于）：

（1）政府标准、行业标准或法规（如职业守则、质量标准或工人保护条例）；

（2）组织文化和结构；

（3）市场条件。

5. 组织过程资产

能够影响制定项目章程过程的组织过程资产，包括（但不限于）：

（1）组织的标准过程、政策和过程定义；

（2）模板（如项目章程模板）；

（3）历史信息与经验教训知识库（如项目记录和文件、完整的项目收尾信息和文档、关于以往项目选择决策的结果和以往项目绩效的信息，以及风险管理活动中产生的信息）。

2.3.3 制定项目章程的工具

专家判断常用于评估制定项目章程的输入。专家判断可用于本阶段中所有技术和管理细节。专家判断可来自具有专业知识或受过专业培训的任何小组或个人，可从许多渠道获取，包括：

（1）组织内的其他部门；

（2）顾问；

（3）干系人，包括客户或发起人；

（4）专业与技术协会；

（5）行业团体；

（6）主题专家（SME）；

（7）项目管理办公室（PMO）。

2.3.4 项目章程的主要内容

在项目章程中记录业务需要、假设条件、制约因素、对客户需要和高层级需求的理解，以及需要交付的新产品、服务或成果。针对不同的项目，项目章程可简可繁。在大项目上，可以是一大本；在小项目上，可以是一页纸。

一般情况下，项目章程应该包括以下主要内容：

（1）项目目的

项目目的说明为什么要做这个项目。例如，研发新产品项目，可能是为了在新产品研发成功并投向市场之后，能给公司带来百分之几的利润增长。项目的目的，通常与一定的需求紧密相连。

做任何事情都要有目的。目的明确清晰，特别有助于把事情做成功。读小学时，老师经常告诉你要端正学习目的，刻苦学习，将来如何如何。明确的学习目的和坚定的学习信念，使你一步一步走进了大学的殿堂。对于那些需要项目干系人投入大量资金与时间的项目来说，目的明确更是非常重要的，他们要清楚投入这么多资源究竟是为什么。

（2）项目目标

项目目标也就是三重制约所表示的项目要求，包括范围、时间、成本和质量。项目范围是指项目的任务范围。做项目时，一定要清楚应当做什么，不应当做什么，这就是工作范围。做范围内的事，而且只做范围内的事，才能保证在规定的时间、成本和质量下完成项目任务。在项目章程中，一定要有项目范围描述，尤其要特别指出那些容易被误认为是项目的一部分，而实际不是的内容。

项目范围扩大，就意味着项目成本要增加。如果你随便答应客户增加一些内容扩大了项目范围，那么多出来的项目成本由谁来承担呢？项目时间是指项目的开始和结束时间，可以用项目章程的发布时间作为项目的开始时间，项目的结束时间则根据实际需要明确规定。项目必须在规定的时间内完成。项目成本是指准备花多少钱来完成既定的项目任务。项目成本既要包括在项目上发生的所有直接和间接成本，也要包括用于应对风险的应急资金。项目质量是指项目要达到什么质量标准，以便项目成果能发挥既定的功能，满足既定的需求。

因为编制项目章程时许多情况还不明了，所以项目章程对项目范围、时间成本和质量的规定，通常是比较概括性的，留有比较大的余地。例如，对成本目标，可以规定一个区间（如本项目在50万~80万元完成），而不是一个准确的数字。

（3）项目权责

项目章程必须清楚定义解决问题的权责和机制。至少要考虑以下两个方面：

第一，项目发起人（高级管理层）应当为项目提供什么支持和组织资源。项目发起人（高级管理层）的支持，是项目顺利实施所必需的。项目章程中应该尽可能明确他们将对项目提供的支持和资源。

第二，必须指定一位项目经理。

（4）划分里程碑——管理检查点

可以按某些重大事件，把项目计划与实施过程划分为几个阶段。这些事件就是里程碑，标志着某个阶段的结束。例如，上一门课，期中考试的完成，通常就是一个里程碑的实现。这些里程碑通常又起到“管理检查点”的作用。项目进展到某一里程碑时，高级管理人员检查项目，以便评价项目的进展情况，作出是否继续进行下一阶段的决策。项目发起人（高级管理层）通常用里程碑来监控项目进度。至于如何实现里程碑，则由项目经理及其团队自己掌控。

制定了项目总体目标和任务之后，就要对项目工作进行里程碑分解。这既是对项目范围目标的细化，也是为了随后对项目时间、项目成本和项目的质量目标（项目管理3基准）的进一步细化。每一个被细分出来的项目可交付成果及相应工作，都必须有相应的时间、成本和质量要求。

要把大的目标，如项目的最终产品（可交付成果），分解为比较便于管理和控制的较小的可交付成果，并进一步分解成要一项一项完成的具体活动。通过各项活动的完成，保证各可交付成果的提交；通过各项可交付成果的提交，保证整个项目最终产品的实现及交付。

(5) 主要可交付成果

对项目要取得的最终可交付成果和一些重要的中间可交付成果，作概括性说明。项目发起人（高级管理层）用这些可交付成果的实现情况来考核项目的范围和质量目标的达成情况。

(6) 主要的约束条件和假设条件

约束条件是限制项目经理及其团队的选择余地的各种条件，例如，项目场地只允许最多5个人同时工作。假设条件是假设为真实的、作为项目工作的前提条件的各种条件，例如，假设张三加入项目团队，团队将在10天内完成项目任务。如果假设条件不能实现，项目就会遇到很大的麻烦。

(7) 项目章程的批准

项目章程专门有一个供签字的部分，项目发起人（高级管理层）在上面签字，表明对项目章程的批准。

2.3.5 项目章程的相关问题

关于项目章程，需要注意以下几个问题：

(1) 项目经理的作用

项目经理最好在项目启动阶段就到位，负责项目章程的起草工作。项目经理需要根据项目发起人（高级管理层）的意图，并考虑其他主要项目干系人的需求，起草项目章程。

在起草过程中，项目经理需要与发起人（高级管理层）、主要干系人进行有效沟通。虽然项目启动是由项目发起人（高级管理层）完成的，但是项目经理应该参与其中，以便用其项目管理专业技能保证项目有个良好的开始。

(2) 项目章程的作用

项目章程的发布，标志着项目的正式启动。项目章程给项目一个合法的地位，明确项目的总体目标，明确项目经理及其权责，明确启动项目的理由等。除此之外，还要强调，项目发起人（高级管理层）和其他主要项目干系人应该通过项目章程对项目进行总体控制，并且用项目章程来规范自己的行为，避免随意对项目施加影响，干扰项目工作。

(3) 项目章程的变更

项目章程最好在整个项目期间保持不变。如果实在需要修改，只有批准项目章程的人才有权修改。项目章程不宜太具体，以防很小的项目变更就导致需要修改项目章程。当然，项目章程也不能太粗略，以免起不到应有的指导作用。项目章程应该粗简得当。

(4) 项目章程的批准

项目章程不一定是某一个人签发的，可以是几个甚至许多人联合签发的。后一种情况，是因为项目有几个甚至许多发起人。例如，2000年启动的中英性病艾滋病防治合作项目，就是由英国国际发展部和中国的10个部委联合发起的。在由多个组织联合发起的项目上，如何协调和兼顾它们之间的项目要求，是项目经理面临的艰巨任务，因为联合发起人之间的要求或多或少存在矛盾。

第四节　识别干系人

干系人包括所有项目团队成员，以及组织内部或外部与项目有利益关系的实体。为了明确项目要求和各参与方的期望，项目团队需要识别内部和外部、正面和负面、执行工作和提供建议的干系人。为了确保项目成功，项目经理应该针对项目要求来管理各种干系人对项目的影响。

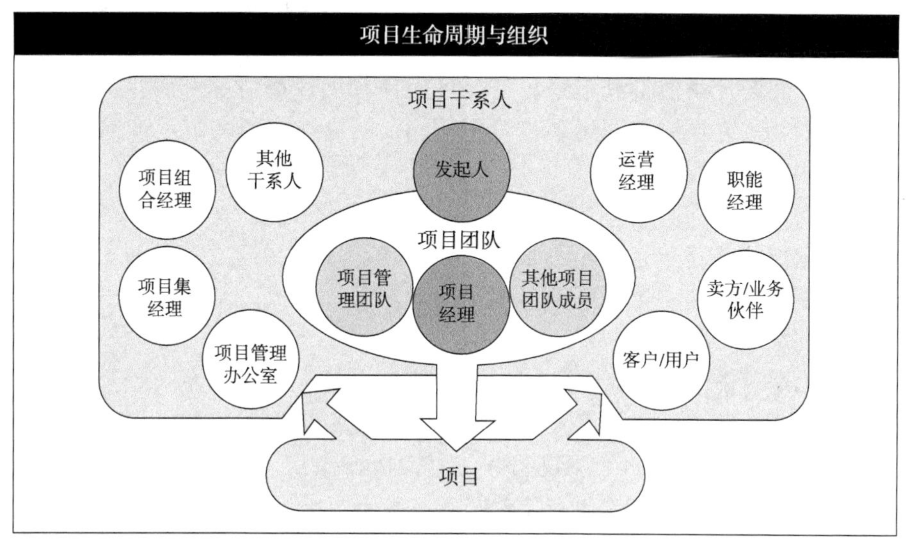

图 2－6　干系人与项目的关系

不同干系人在项目中的责任和职权各不相同，并且可随项目生命周期的进展而变化。他们参与项目的程度可能差别很大，有些只是偶尔参与项目调查或焦点小组活动，有些则为项目提供全方位资助，包括资金支持、政治支持或其他支持。有些干系人可能被动或主动地干扰项目取得成功。项目经理应该在整个项目生命周期内特别关注这部分干系人，并提前做好计划，以应对他们可能导致的任何问题。

2. 4. 1　什么是项目干系人

项目干系人也称为项目利益相关者或项目关系人，是指受项目影响或能影响项目的任何个人或组织。也可以说，与项目有直接或间接关系的任何个人或组织，都是项目干系人。任何一个项目都有众多的项目干系人，他们在项目上有正面或负面的利益，他们对项目持支持、中立或反对的态度，他们对项目具有不同程度的影响力，他们对项目的认知水平不尽相同。

项目管理不仅要在规定的范围、时间、成本和质量之下完成任务，而且要尽可能满足项目干系人对项目的利益追求（包括减轻项目对干系人的负面影响），使项目干系人满意。

在做项目之前，对项目干系人的识别是非常重要的。项目管理团队必须搞清楚谁是项目干系人，确定他们的需求和期望，然后对他们进行有效管理，确保项目取得成功。项目经理及其团队必须全面、系统、深入地做好项目干系人管理。干系人管理做得不好，往往是导致项目不能顺利进行甚至失败的重要原因。

2.4.2 如何识别项目干系人

要对项目干系人进行有效管理，首先必须识别出谁是项目干系人。项目从开始到结束，在整个项目周期的各阶段都存在众多的项目干系人。在整个项目生命周期中，识别干系人是一个持续的过程。识别干系人，了解他们对项目的影响能力，并平衡他们的要求、需求和期望，这对项目成功至关重要。这项工作没做好，可能导致项目工期延长、成本增加、意外问题及其他不利结果，甚至可能导致项目取消。例如，及时将法律部门列为重要干系人，最终导致工期延误、费用增加，因为在项目完成或产品交付之前才发现必须满足某些法律方面的要求。

有些干系人在整个项目周期中都很重要，有些则只在某一个或几个阶段比较重要。要尽量识别出全部的项目干系人，不怕多，只怕少。多了，经过随后的干系人分析，可以把不重要的干系人放在一边；少了，则可能遗漏某一个或几个重要的干系人，以至于给项目带来不利影响。

为了识别出尽可能多的干系人，就不能只依靠少数人来作干系人识别，而要充分调动每一个团队成员的积极性，依靠大家的力量。可以采用头脑风暴的办法来识别干系人。

常见的项目干系人包括（但不限于）：项目执行组织、项目经理、项目管理团队、客户、项目发起人、供应商、承包商和政府部门等。

项目执行组织：派成员直接参与项目工作的单位，是项目成功的直接受益者。

项目经理：负责管理项目的个人，对其个人的激励非常重要，是项目成功的关键人物。

项目管理团队：直接参与项目管理活动的团队成员，团队的协同作用很重要。

客户：使用项目产品、服务或成果的个人或组织，包括购买者和非购买者用户。顾客可能是多层次的。如新药的顾客可能包括医生、病人以及支付治疗费用的保险公司等。

项目发起人：为项目提供资金或实物资源而发起项目的个人或组织。

施加影响者：能对项目施加积极或消极影响的任何组织或个人。

供应商：提供项目所需原材料或设备等的组织或个人。

承包商：签订项目承包合同的组织或个人。

政府部门：对项目产生正面或负面影响的政府机构。

新闻媒体：掌握宣传工具，对项目发展有正面或负面影响的组织，包括报社、电台、电视台、网络媒体等。

团队成员家属：他们会对项目团队成员的工作业绩和工作激情产生影响。

社会公众：最容易忽视也是最不应该忽视的项目干系人。

2.4.3 分析项目干系人

识别项目干系人并不难。项目团队成员坐在一起搞一个头脑风暴就可以解决了。但识别出来以后，如何分析他们的需求以及他们对项目的影响，就比较困难了。

干系人分析可以从以下四个方面入手：

（1）干系人在项目上的利益

如正面和负面的利益，项目实施过程中的利益和项目结果给他们带来的利益，以及直接利益和间接利益。要认真分析项目干系人的利益领域和利益大小。利益决定立场。在弄清楚他们利益之后，就可以相应分析他们对项目的态度。通常有正面利益者对项目持支持态度，有负面利益者对项目持反对态度。

（2）干系人对项目的影响

如正面和负面影响、直接和间接影响、对过程和结果的影响等。要认真分析项目干系人的影响领域和影响力大小。

（3）干系人对项目的认识水平

有些人对项目比较无知，仅得到了一些道听途说的消息；有些人对项目的认识比较全面和真实；有些人之所以反对项目，并不见得是真的反对，而是因为对项目的情况不了解，以至于误以为项目将给他们带来利益损失。

（4）干系人的知识和技能

特别是那些可以为项目所用的知识和技能。不同的干系人有不同的知识和技能，项目经理要想办法发挥众多项目干系人的作用，使他们的相关知识和技能为项目服务。

2.4.4　管理干系人

在上述分析的基础上，就可以分门别类地制订干系人管理措施。面对众多的干系人，有必要进行适当的分组归类，否则不便于管理。例如，按干系人的利益和影响大小，对干系人分类，并把他们体现在干系人利益与影响方格上（见图2－7）；或者按干系人对项目的态度好坏和认知大小，对干系人分类，并把他们体现在干系人态度和认知方格上（见图2－8）。

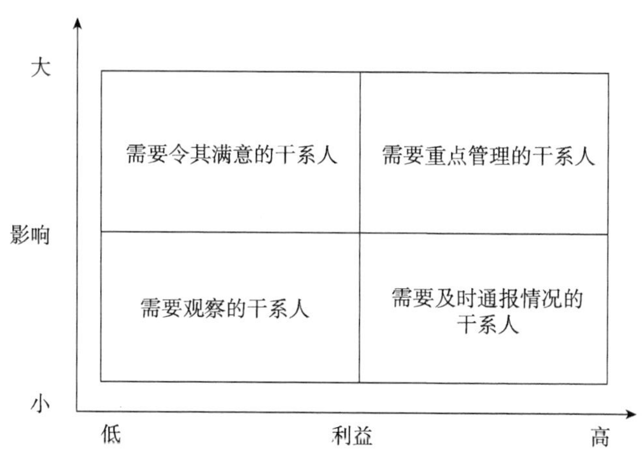

图2－7　项目干系人利益与影响方格

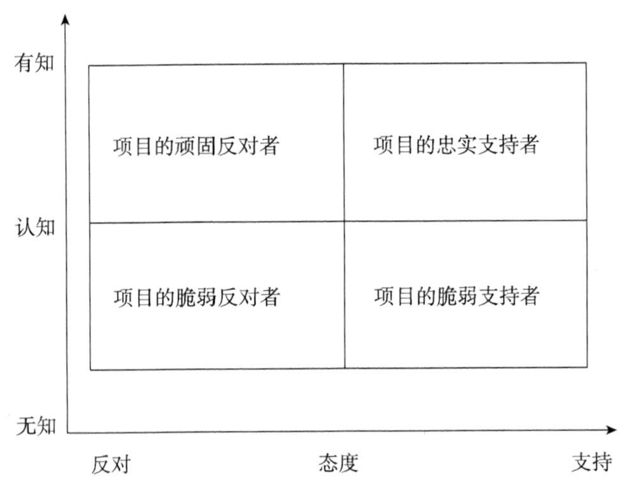

图 2-8 项目干系人态度与认知方格

积极沟通是管理干系人的重要方法之一。通过沟通，解决干系人之间的问题，调动积极因素，减轻甚至化解消极因素。应该设法提高干系人对项目的认识水平，满足他们对项目的正面利益追求，减轻项目给他们带来的负面影响，充分利用他们的知识和技能，发挥他们对项目的正面影响力，限制他们的负面影响力。

大多数事物都既有支持者，又有反对者。管理正面的项目干系人，不是太困难的事情，因为人们本能地愿意与支持自己的人打交道。最困难的是如何面对和管理负面的项目干系人。即便已经知道谁是负面的项目干系人，人们出于本能，也可能想尽量回避他们，不想面对，当他们不存在。这无异于掩耳盗铃，等到你不得不面对他们时，一切都晚了。

对可能的负面干系人，一定要允许他们表达自己的意见和利益要求。不同的人对项目有不同的意见和利益要求，是很正常的。首先，要认真听取他们的意见与要求，并给予充分的理解；其次，积极面对他们的意见和要求，并通过与他们的积极沟通来寻求解决办法。尽早识别和面对负面的干系人，对保证项目成功至关重要。

干系人管理，不仅在项目上要做，在个人的生活和工作中也要做，在企业的日常经营中也要做。做任何事情，要想有可持续的发展，都必须认真识别干系人，分析他们的需求，然后对他们负责，满足他们的合理需求。当今的企业经营，已经不是单纯地满足股东利益，而是要满足尽可能多的干系人（包括股东）的利益。

第五节　任命项目经理

项目经理是由执行组织委派，领导团队实现项目目标的个人。项目经理的角色不同于职能经理或运营经理。一般而言，职能经理专注于对某个职能领域或业务单元的管理和监督，而运营经理负责保证业务运营的高效性。

项目经理是对在规定范围、时间、成本和质量下完成项目任务，向项目发起人（高级管理层）负最终责任的人。任何一个项目的成功，都离不开项目经理带领团队所做的各种努力。作为项目的负责人，项目经理要对项目进行全面计划、组织、协调和实施。

在项目中，应尽早确认并任命项目经理，最好在制定项目章程时就任命，最晚也必须在规划开始之前。项目章程应该由发起项目的实体批准。项目章程授权项目经理规划和执行项目。项目经理应该参与项目章程的制定，以便对项目需求有基本的了解，从而在随后的项目活动中更有效地分配资源。

2.5.1 项目经理是项目的唯一责任点

项目经理通常是项目的唯一责任点，对成功完成项目向项目发起人（高级管理层）负最终责任。唯一责任点，是项目管理中特别强调的。不仅整个项目要有唯一责任点，其中的每一项工作也要有唯一责任点。项目的临时性决定了项目经理岗位的临时性，再加上项目团队的不少成员可能是从组织中的相关职能部门借来的，所以，项目经理经常没有足够的正式权力来管理团队成员。即便没有足够的正式权力，项目经理也必须在规定的范围、时间、成本和质量之下完成任务。这是他作为项目的唯一责任点的必然要求。项目经理是项目团队的领导，项目经理的领导能力决定着项目的总体方向，项目经理的管理能力又决定着项目的各项指标的完成情况，包括范围、时间成本和质量。因此，挑选合适的人做项目经理对项目的成败至关重要。

2.5.2 项目经理是身兼数能的“通才”

项目经理是通才而不是专才。

总体来说，项目经理有责任满足以下需求：任务需求、团队需求和个人需求。项目管理是一门很重要的战略性学科，项目经理是战略与团队之间的联系纽带。项目对于组织的生存与发展至关重要。项目可以用改进业务流程的方式创造价值，对新产品和新服务的研发不可或缺，能使组织更容易应对环境、竞争和市场变化。因此，项目经理的角色在战略上越来越重要。但是，仅理解和使用那些被公认为良好做法的知识、工具和技术，还不足以实现有效的项目管理。要有效管理项目，除了应具备特定应用领域的技能和通用管理方面的能力以外，项目经理还需具备以下能力：

知识能力——项目经理对项目管理了解多少。

实践能力——项目经理能够应用所掌握的项目管理知识做什么、完成什么。

个人能力——项目经理在执行项目或相关活动时的行为方式。个人态度、主要性格特征和领导力，决定着项目经理指导项目团队平衡项目制约因素、实现项目目标的能力，决定着项目经理的行为的有效性。

项目经理通过项目团队和其他干系人来完成工作。有效的项目经理需要平衡道德因素、人际技能和概念性技能，以便分析形势并有效应对。比如，领导力、团队建设、激励、沟通、影响力、决策能力、政治和文化意识、谈判、建立信任、冲突管理和教练技术等。

过去的教育，比较注重培养学生的硬能力，不太注意培养学生的软能力。例如，一个软件工程专业的毕业生，具备很强的编程能力，但不能在团队中很好地与别人一起工作，他就没有具备应有的软能力。现在，越来越多的工作不是靠一个人单打独斗就能有效完成的，必须依靠许多人的合作，就像编一个大程序，尽管可以一个人编一块，但是如果相互之间没有交流，最后的结果很可能是每一块都有用，但合在一起却没有用。因而，这个大程序项目当然就是失败的，因为它没有具备应有的功能。

大学生在学校里读书，除了学好技术以外，还应该注重培养自己的沟通能力和组织协调能力。创造机会参与项目工作（如学生社团活动），特别是担任“项目经理”，是学生们培养沟通能力和组织协调能力的良好途径。

2.5.3 项目经理是身兼数职的“专衔”

我们知道，在整个项目过程中，项目经理要做很多工作，克服很多困难，肩负很多责任。根据你的个人经历、行业背景以及项目管理的方式，前面的回顾也许已带给你一些启发，为确保对项目经理的职责达成一致的理解。

关于项目经理的角色，你可能已经听过不少比喻，如“船长”“乐队指挥”“团队教练”和“引擎催化剂”等。这些比方有它们各自的道理，暗含了深刻的见解，但还不够全面。为更好地理解项目经理的职责，我们先来简单讨论一下项目经理扮演的各种关键角色。

规划者：为获得项目成功，要确保恰当而全面地定义了整个项目，所有项目干系人全部参与，工作方法确定，所需资源在需要时能够获得，以及为妥善执行和控制项目而设计的流程落实到位。

组织者：通过分解工作、估算和安排进度，确定项目要完成的所有工作、工作任务的合理完成顺序、项目的完成时间、执行者以及所要花费的成本。

联络员：负责项目中所有口头和书面交流的核心联系人。

军需官：在需要的时候，确保项目能够取得相关资源、材料及设施设备。

促进者：确保持不同观点的项目干系人和团队成员能达成共识，共同努力实现项目目标。

劝说者：就项目定义、成功标准及实施方法获取项目干系人的一致意见；在项目过程中管理项目干系人的期望，并同时处理时间、成本和质量方面的矛盾需求；就资源使用决策以及解决问题的行动方案达成一致。

问题解决者：利用问题根源分析手段、过往的项目经验以及技术知识来解决未预料到的技术问题，并采取必要的整改措施。

保护伞：使项目团队免受政治影响及周围“噪声”的干扰，确保团队专注工作，实现多产。

教练员：确定每位团队成员所扮演的角色，并与他们沟通这些角色的定位及其对项目成功的重要作用；寻找方法激励团队成员，提升团队成员技能，并就他们的个人表现及时给出建设性的反馈意见。

监督者：采取后续项目跟进措施，确认项目相关承诺已经兑现，问题已获解决，各项任务已经完成。

资料管理员：管理与项目相关的所有沟通记录、文档资料及其他信息。

风险管理员：不断地识别风险并提前制定相应措施来应对风险事件。

督察者：依项目计划持续评估项目进展情况，制定必要的整改措施，并审查项目过程和项目提交物的质量。

推销员：劝说者和教练员角色的延伸，不过该角色致力于向上级组织“游说”项目的益处，充当“变革推动者”，鼓舞团队成员实现项目目标，克服项目上的困难。

2.5.4　成功的项目经理具备的特质

鉴于项目经理扮演的角色众多，需要掌握广博的技能，以及成功交付一个项目所要面对的一些必然挑战，我们要设法加快学习进程。有两种途径可以加快学习进程，即领会成功项目经理所应具备的素质，以及了解并避免项目经理经常会犯的错误。

项目管理的准则和技巧能够应用于任何行业，虽然这已成为共识，但同一项目经理在不同行业中是否都能高效可用仍不确定。毫无疑问，项目经理在项目所涉及的领域拥有的知识和经验越多，他能贡献的价值就越大。然而，根据不同的项目规模及团队组成，项目经理如拥有不同行业的项目经验，且具备以下技能，就能带来巨大的价值。

（1）项目管理基础

包括生产办公条件（如各类办公软件、电子邮件等）以及项目管理软件的应用技能。

（2）企业管理技能

对运营或生产线经理同样具有价值的技能，如预算、财务、采购、组织动态、团队发展、绩效管理、培训及激励等。

（3）技术知识

在项目目标领域，通过实践和经验总结获得的知识。作为项目经理，这些知识可以极大地提升你的管理效率。你也可以借此获得信誉，提出更有水平的问题，检验团队成果的评估及详细计划，协助解决技术问题，制订更好的解决方案，发挥更大的领导作用。

（4）沟通技能

沟通技能被PM认作是最重要的项目管理技能，因此，这里有必要将它单独列出。沟通技能包括各种书面沟通技能（如信函、电子邮件、文档）、口头沟通技能、引导技能、演讲展示技能，以及最有价值的积极倾听。积极倾听可以定义为“真正地倾听”，亦即专注地用心地、带着与说话人沟通的强烈欲望来倾听的能力。

小窍门：积极倾听是高效项目经理的秘密武器之一。

（5）领导技能

这类技能与其他一些技能相互重叠，关注的是项目管理所需的“态度”和“思维观念”。不过，它还包括一些其他关键技能，如人际交往及自我管理能力、适应能力、变通能力、人员管理能力、客户导向度、分析能力、问题解决能力，以及考虑“大局”的能力。

要取得成功，项目经理必须具备某些特定的技能，而这些技能又是由具体项目的规模和性质来决定的。

综合练习

一、选择题

1. 人力资源部经理计划从公司内部招聘项目经理，可供选择的人员有以下几位：候选人 A 有很好的管理知识；候选人 B 具有很好的项目管理知识；候选人 C 有扎实的技术知识；候选人 D 具有常规管理知识、项目管理和技术技能。谁是最合适的候选人？（　　）

A. A　　B. B　　C. C　　D. D

2. 最成功的项目经理通常：（　　）

A. 从项目办公室中的助理做起到项目经理，用正式的教育补充实际经验

B. 从哈佛 MBA 毕业，直接管理很大的项目

C. 在他们的领域中被认为是技术专家

D. 作为职能经理具有可观的经验并在以后成为项目经理

3. 当制定项目章程时，每种组织的企业环境因素必须考虑。这可能包括下面的各项，除了（　　）。

A. 公司信誉

B. 人员管理程序，包括培训记录

C. 现有设施和固定设备

D. 项目干系人风险容忍度

4. 下列哪项总是项目干系人？（　　）

A. 一个不希望项目完成的人

B. 将使用项目产品的装配线上的工人

C. 工程设计部门的职能经理

D. 一个可能因为项目而失去在公司中职位的人

二、简答题

1. 什么是 SWOT 分析？SWOT 分析有什么作用？

2. 《项目章程》应包含哪些内容？

3. 如何设置项目里程碑？里程碑考核方式有哪些？

第三章　项目计划

导入案例

陈明出任此项目的项目经理后，组织了项目组成员，共同拟定了此项目的《项目章程》。

《档案管理软件产品开发项目章程》

1. 项目名称

档案管理软件产品开发

2. 项目重要性

2.1 节省人力和财力，提高档案管理人员的工作效率

2.2 节省借阅人员的等待时间

2.3 有利于提高建筑院的核心竞争力

3. 项目目标

总目标：为南方建筑设计院开发一套劳动强度小，效率高，节省人力和财力，节省借阅人员等待时间的软件产品。

分目标：开发一套20个用户、运行在Windows 8版本以上功能齐全的档案管理软件。

4. 项目主要可交付成果

交付物：南方建筑设计院档案管理软件、软件文档、用户手册。

5. 项目经理及职责

项目经理：陈明

项目经理的职责：计划并执行整个项目，同潜在用户进行交流，需求分析，界面设计，统筹整个项目开发及管理。

6. 主要项目主要干系人

主要内部干系人：吴新、刘文

主要外部干系人：谢峰、张未

7. 项目总体进度计划及主要里程碑

项目开始时间：2018年7月1日

项目结束时间：2018年12月31日

主要里程碑安排：

2018年7月1日～2018年7月10日：方案设计

2018年7月11日～2018年7月20日：用户需求调研

2018年7月21日～2018年12月10日：软件开发

2018 年 12 月 11 日 ~2018 年 12 月 31 日：BETA 测试

8. 项目总体预算

项目总体预算：35 万元以内

9. 各职能部门应提供的配合

9.1 公司项目领导和负责人能及时处理工程建设过程中遇到的问题，无相互推诿，延时响应等延误工期的情况发生。

9.2 能及时向上级部门上报工程建设进度及建设过程中遇到的问题。

10. 项目审批要求

符合讨论中的标准

11. 章程的批准

本项目章程于 2018 年 5 月 16 日由下列人员签字并批准生效：

姓名：陈明　　职务：项目经理

签字：王宏　　职务：总经理助理（兼综合管理办公室主任）

签字：郎伟　　职务：总经理

会签：田强、谭文理、马成林

为保证项目顺利进行，此项目需在《项目章程》的基础上，制订一份项目管理计划。确定执行、监视、控制和结束项目的方式和方法，记录规划过程组的各个规划子过程的全部成果，使此项目能够顺利开发完成，通过南方建筑设计院的验收。

思考与讨论

1. 项目计划的意义是什么？
2. 项目计划的主要内容是什么？包含哪些子计划？
3. 什么是项目范围说明书？
4. 什么是 WBS？什么是 WBS 词典？
5. 从进度管理的角度，缩短工期的方法有哪些？如何尽可能地缩短工期？
6. 成本预算需要考虑哪些问题？如何进行成本预算？
7. 自下而上估算法和自上而下估算法各有什么优缺点？
8. 什么是质量计划？如何确定项目合理的质量标准？

本章内容提要

与项目启动一样，项目计划也是成功的关键。我们在启动项目时，需要就要做的事以及参与的人员达成共识。而在计划项目时，我们则关注如何才能保质保量保成本按时完成工作任务。这涉及项目的约束。因此，项目计划不仅涉及工作任务、资源、时间安排以及成本等传统领域，同时还要为管理项目变更、项目沟通、项目质量、项目风险、项目采购以及项目团队做好准备。所有这些因素都直接影响项目干系人的期望以及我们成功控制和执行项目的能力。但人们对项目计划的概念有很多的误解，导致项目常常没有得到全面或者正确的计划。

按照项目管理的知识领域划分：项目范围计划、项目进度计划、项目费用计划、项目质量计划、项目沟通计划、项目风险应对计划、项目采购计划、项目人力资源管理计划、变更控制计划。

了解了以上状况后，我们接着介绍以下内容：1. 计划的概念，了解项目计划的意义、计划的原则以及在计划过程中的注意事项。2. 项目计划文件中“必须要有”的元素，以及项目计划过程的成功标准。项目计划的一种常用技术是滚动式规划，滚动式规划仅为项目的下个阶段制订详细计划，而对较远阶段只制定粗略的计划。3. 项目WBS、进度计划、成本计划、采购计划、质量计划的制订，以及如何利用项目章程中的约束和里程碑计划，使项目的实施更为顺利、顺畅。

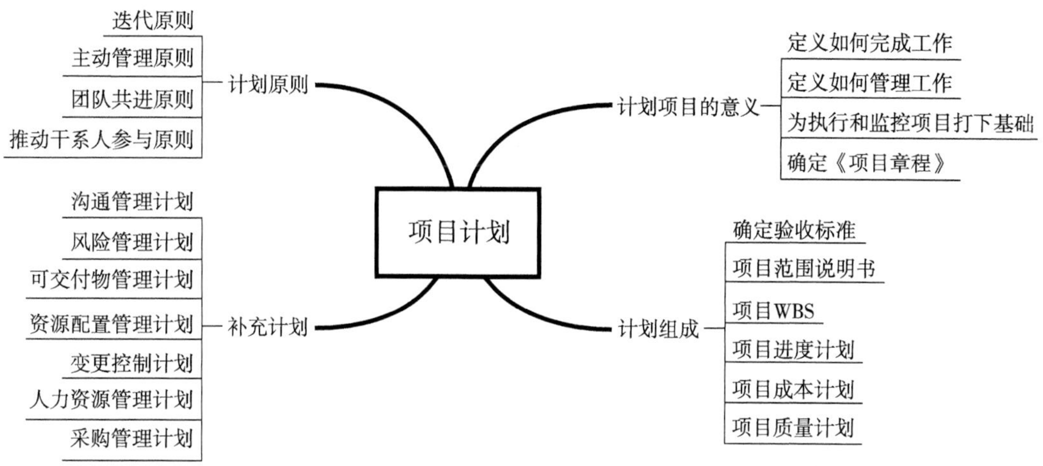

第一节　计划的概念

制订项目管理计划：定义、准备和协调所有子计划，并把它们整合为一份综合项目管理计划的过程。项目管理计划包括经过整合的项目基准和子计划。见图3-1。

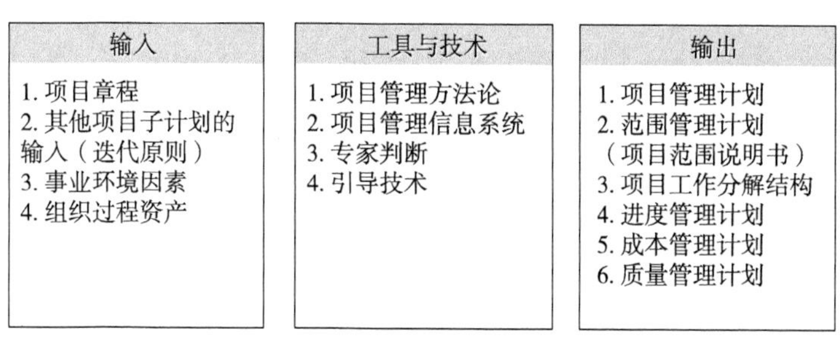

输入	工具与技术	输出
1. 项目章程 2. 其他项目子计划的输入（迭代原则） 3. 事业环境因素 4. 组织过程资产	1. 项目管理方法论 2. 项目管理信息系统 3. 专家判断 4. 引导技术	1. 项目管理计划 2. 范围管理计划（项目范围说明书） 3. 项目工作分解结构 4. 进度管理计划 5. 成本管理计划 6. 质量管理计划

图3-1　项目管理计划的输入、输出与工具

3.1.1 制订项目管理计划：输入

1. 项目章程（项目指导性文件）

见第二章内容。

2. 事业环境因素

能够影响制订项目管理计划过程的事业环境因素包括（但不限于）：

政府或行业标准；

纵向市场（如建筑）或专门领域（如环境、安全、风险或敏捷软件开发）的项目管理知识体系；

项目管理信息系统（如自动化工具，包括进度计划软件、配置管理系统、信息收集与发布系统，或进入其他在线自动化系统的网络界面）；

组织的结构、文化、管理实践和可持续发展；

基础设施（如现有设施和固定资产）；

人事管理制度（如人员招聘和解雇指南、员工绩效评价、员工发展与培训记录）。

3. 组织过程资产

能够影响制订项目管理计划过程的组织过程资产包括（但不限于）：

标准化的指南、工作指示、建议书评价准则和绩效测量准则。

项目管理计划模板，包括：

根据项目的具体需要，裁减组织标准流程的指南与准则；

项目收尾指南或要求，如产品确认及验收标准。

变更控制程序，包括修改组织标准、政策、计划和程序（或任何项目文件）所需遵循的步骤，以及如何批准和确认变更。

以往项目的项目档案（如范围、成本、进度与绩效测量基准、项目日历、项目进度网络图和风险登记册）。

历史信息与经验教训知识库。

配置管理知识库，包括组织标准、政策、程序和项目文件的各种版本与基准。

4. 其他项目子计划的输出（迭代原则）

项目计划并不是在项目启动之后就一下子制订完成的。首先，得到一份全面的项目计划通常需要好几轮的反复规划，这当中涉及大量输入信息的整合，并且还需众多项目干系人就计划达成一致意见。此外，随着事情的进展，掌握的信息增加，计划还需作出调整，计划的细节也会随着项目的推进清晰浮现。

项目计划是一份包含各种参考资料信息、内容全面的文件，可以根据它来控制和执行项目。

3.1.2 制订项目管理计划：输出

1. 项目管理计划应包含的内容

项目管理团队选择的各个项目管理过程

每一选定过程的实施水平

对实施这些过程时使用的工具与技术所作的说明

在管理具体项目中使用选定过程的方式和方法，包括过程之间的依赖关系和相互作用，以及重要的依据和成果

为了实现项目目标所执行工作的方式、方法

监控变更的方式、方法

实施配置管理的方式、方法

使用实施效果测量基准并使之保持完整的方式、方法

利害关系者之间的沟通需要技术

选定的项目生命周期和多阶段项目的项目阶段

高管加快待解决问题和未定决策，对内容、范围、时间的审查

2. 输出项目管理计划的重要子计划

范围管理计划（项目范围说明书）、项目工作分解结构（Work Breakdown Structure，WBS）、进度管理计划、成本管理计划、质量管理计划。

3. 补充计划

人力资源管理计划、沟通管理计划、风险管理计划、采购管理计划、干系人管理计划、可交付物管理计划、资源配置管理计划和变更控制计划等。

3.1.3　制订项目管理计划：工具与技术

1. 专家判断

在制订项目管理计划时，专家判断可用于：

根据项目需要而裁减项目管理过程；

编制应包括在项目管理计划中的技术与管理细节；

确定项目所需的资源与技能水平；

定义项目的配置管理级别；

确定哪些项目文件受制于正式的变更控制过程；

确定项目工作的优先级，确保把项目资源在合适的时间分配到合适的工作。

2. 引导技术

引导技术广泛应用于各项目管理过程，可指导项目管理计划的制订。头脑风暴、冲突处理、问题解决和会议管理等，都是引导者可以用来帮助团队和个人完成项目活动的关键技术。

当然，工具和技术还包括现代项目管理方法论和项目管理信息系统。

第二节　项目计划的意义

3.2.1　定义如何完成工作

学习项目管理，在很大程度上，就是学习编制项目计划书。

常言道："三思而后行，谋定而后动。"项目管理强调的正是计划为先，然后按计划

实施，并在实施过程中不断进行控制，使项目不至于与原计划产生重大偏离。有了计划作指导的项目未必会成功，但是没有计划指导的项目必定要失败。

尽管大家都知道，项目的计划非常重要，但是不同的人对做计划往往有不同的看法。有些人，你问他："你有没有计划？"他可能这样回答："我心里有数，计划在心里，到时候再说吧。"另外一些人，则这样回答："有，请看这就是我的计划书。"接着，他会递给你一份书面的计划文件。项目管理强调把计划写在纸上，使项目实施有据可依，能够把纸面上的计划价值变成实际的项目价值。

把计划写下来，大家都需要养成这样的习惯。这样做的好处包括促使把项目工作想得更全面、系统和深入。有些东西，只有当动笔写的时候，才会发现原来的思路是那么不清晰。同时，也便于在相关的单位和个人之间进行沟通。脑袋里的东西，别人看不见；嘴巴上说的东西，别人容易误解；只有写下来的东西，才能最有效地向众人传达，也有利于进行必要的计划调整和逐渐细化，并追踪计划的演变过程。

计划编成以后，通常都需要进行必要的调整和更新。只有针对书面计划，才能清楚地比较更新前后的计划。同时，也有利于经验教训的积累。只是想一想、说一说的东西，往往过去就过去了，不利于总结经验教训，更无法形成相关模板供以后的项目使用。

大学期间，学生常常忙于应付各种考试，如英语四级和六级考试、计算机等级考试和商务英语考试。社会上有许多培训机构提供这些考试的辅导课程。但是，大多数学生还没有学过如何编写项目计划书。毕业后找工作面试的时候，你也拿出与别人类似的、制作精美的个人简历和五花八门的各种证书，请问你的差别竞争力在哪里？如果你能够向老板展示一份你得意的项目计划书，情况又会怎样呢？一份项目计划书，也许胜过所有的简历和证书。

越年轻，学项目管理的效果越好。因为年轻人没有什么太固执的旧习惯，所以学了项目管理之后，就能自觉地加以应用，如编制比较规范的项目计划或工作计划。在北美和欧洲，已经开始向中学生和小学生传授项目管理方法。可以肯定，项目管理必将成为21世纪年轻人的必修课。学会做计划，是年轻人迈向成功的重要一步。

3.2.2 定义如何管理工作

尽管大多数理性的人基本都能认同从逻辑层面制订"计划"的重要性，然而在实践中，他们却往往无法做到。为什么会这样呢？通常来说，这主要是因为他们之前亲历或见证过的"项目计划"并没有完全遵守以下关键的项目计划原则。

项目计划的目的在于制订一份能执行和控制项目的计划，便于知道项目在执行的过程中管理。如图3－2所示。

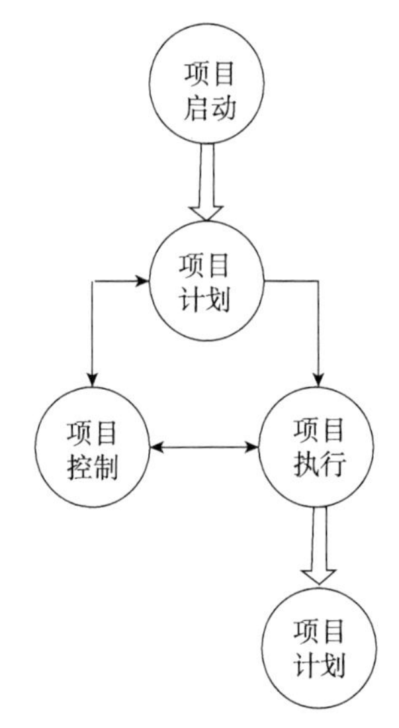

图3－2 项目计划、执行与监控管理过程之间的相互作用关系

3.2.3 确定《项目章程》

项目计划是对《项目章程》的细化及完善化的一系列工作。

可以将项目计划看作是一个“不断提问”并和团队一起努力“找出答案”的过程。尽管在项目启动的过程中，制定了《项目章程》，以下这些开展管理工作的关键基本问题已经有了答案。

(1) 为什么要做这个项目？

(2) 项目要达成什么目标？

(3) 谁是主要项目干系人？是项目发起人还是客户？

然而，在“详细计划”项目的过程中，指导项目实施和管理还需要解答一些关键问题。这些问题重点关注的，是产生目标可交付物要做的工作以及管理项目要做的工作。以下具体列出了这些问题：

(1) 可交付物究竟是如何产出的？

(2) 产出可交付物需要做些什么工作？

(3) 由谁来完成这些工作？

(4) 完成这些工作还需要其他哪些资源（设施、工具）？这些工作主要出现在哪个环节？

(5) 完成这些工作要花多长时间？

(6) 何时完工？

(7) 项目要花费多少成本？

(8) 每个角色分别需要什么样的技能、什么等级的技能水平和什么样的经验？何时需要这些角色？

(9) 各种资源在什么时候需要用到？如何获取？

(10) 分别由谁来负责哪些事情？

(11) 如何控制变更？

(12) 如何确保可交付物以及项目过程的质量合格？

(13) 如何及时通知干系人项目相关信息并得到他们的反馈？最佳方式是什么？

(14) 如何追踪问题？如何将关键问题升级让大家关注？

(15) 如何处理偏差？哪些事情需由高级管理层决定？需要进行哪些沟通？

(16) 存在什么风险？有哪些应对策略？

(17) 如何进行版本控制？

(18) 如何维护项目信息，并保障项目信息的安全？

(19) 如何管理项目团队？有哪些培训需求？如何评估团队成员的绩效？如何安排确定新成员的工作？

(20) 完成了详细的项日计划之后，再次确认项目的业务案例是否有效？

(21) 如果利用了外部资源（如厂商、供应商），如何管理他们的绩效？

(22) 项目绩效如何衡量和汇报？

(23) 最后的问题是，是否有一个执行和控制项目的计划？

确定以上这些问题的答案后，要将它们体现在项目计划中。然后，再和主要的项目干系人一起来回顾这份项目计划，确保获得他们的认可和理解。接下来，逐步制订一份典型的项目计划，了解项目计划各部分的作用目的，以及如何获取各种相关信息，为执行和监控项目打下基础。

3.2.4 项目计划原则

项目计划有以下原则：

（1）迭代原则

项目计划并不是在项目伊始就马上制订完成的，需要不断更新迭代。首先，得到一份全面的项目计划通常需要好几轮的反复规划，这当中涉及大量输入信息的整合，并且还需众多项目干系人就计划达成一致意见。此外，随着事情的进展，掌握的信息增加，计划还需作出调整，计划的细节也会随着项目的推进清晰浮现。

（2）主动管理原则

有效的计划会催生主动型项目管理方法。在开始执行项目前，我们会不断提出问题并制定相应的解决方法，然后运用这些方法管理项目和项目干系人对各方面的期望，主要涉及的方面有项目沟通、项目干系人责任、质量管理、风险、绩效的应对措施、采购管理以及项目团队管理。变更控制、沟通、风险及质量项目管理都是主动型项目管理。

（3）团队共进原则

让团队参与制订项目计划能让团队成员更加易于接受项目计划，并提高他们参与项目工作的积极性。执行项目任务的团队成员还应多多定义和评估具体工作。这种方法可以准确地定义所需进行的项目工作，同时使项目团队成员更加投入地完成分配给他的工作任务。

（4）推动干系人参与原则

项目计划阶段主要需要提出问题促进工作进展、积极互动和不断地反馈。具体来说，要对所有的项目干系人（包括管理部门和客户）做一个项目干系人分析，以确项目定义要素，了解项目干系人期望和需求，并审核关键问题、风险、变更请求以及绩效偏差处理流程。

第三节 项目计划的组成

项目计划是一份包含各种参考资料信息、内容全面的文件，可以根据它来控制和执行项目。

3.3.1 项目计划组成部分

制订项目计划的第一步是确认项目定义文件的各项要素。因为从项目启动得到认可到开始详细计划所需时间的长短不同，可能需要同主要项目干系人确认项目意图、目标、成功标准以及项目范围等，以确保它们还没有发生变更。

为简化复查过程，并最大限度地减少将来对文件的改动，应注意收集所有共享信息、需要单独复查的信息以及各种文件内可能会经常更新的信息。这些文件信息有项目假设、WBS、沟通计划、项目进度、项目需求、项目组织结构图以及责任矩阵。

项目的计划组成：确定项目验收标准、制定项目范围说明书、制定项目工作分解结构 WBS、制订项目成本计划以及制订项目质量计划；项目除了这些工作之外，还需较为重要的补充计划，如沟通计划、风险管理计划等。

3.3.2　项目计划制订的大致步骤

项目计划可按如图 3－3 所示步骤进行。

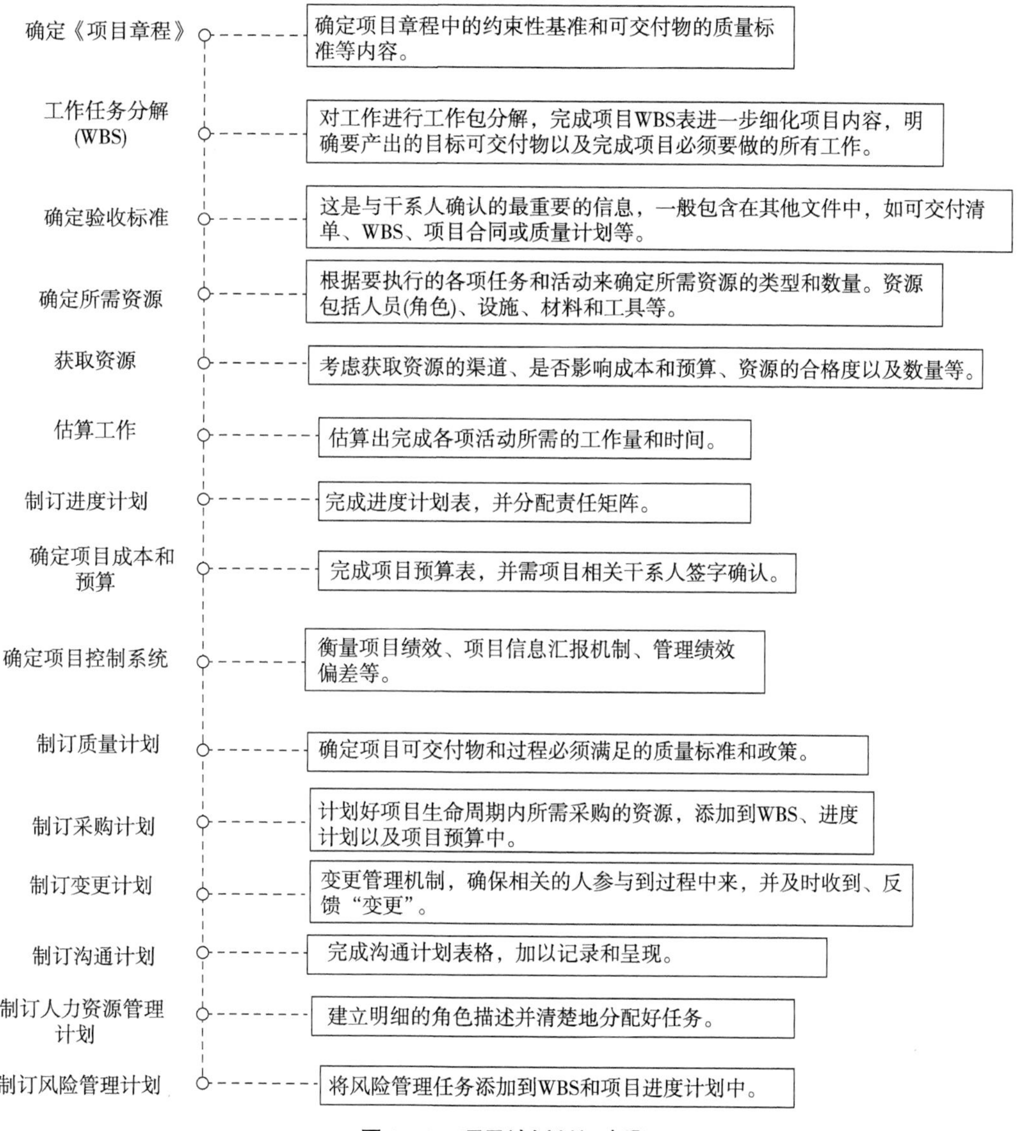

图 3－3　项目计划制订步骤

第四节　制订项目工作分解结构

第一章讨论了项目的渐进明细性质，由此防止范围潜变。对范围进行计划，并因此对项目进行工作包分解，就特别要求渐进明细，从项目发起人对项目的最初想法，到项目章程（其中有对项目范围的初步描述），再到项目范围说明书、工作分解结构和工作分解结构词典。

项目章程已在第二章讨论。本节主要介绍项目范围说明书、工作分解结构（WBS）和工作分解结构词典。

3.4.1　项目范围及范围管理

项目范围，即项目的工作范围，是指项目团队为了确保项目成功完成，项目目标得以实现，生产出所要求的产品或服务，而必须要做、必须完成的全部项目工作项目经理一定要清楚项目的工作边界，知道应该做什么，不应该做什么。如果边界不清楚，所谓的“在规定时间、成本和质量下完工”就没有任何依据。项目干系人对项目范围的认识也许是含糊不清的，项目经理必须运用项目范围明确的项目范围管理的方法，与项目干系人一起对项目范围进行“减裁”、计划、管理和控制，确保做必须做的工作，而且只做必须做的工作。其过程分为五步：收集需求、范围定义、制作 WBS、核实范围以及控制范围等。如图 3－4 所示。

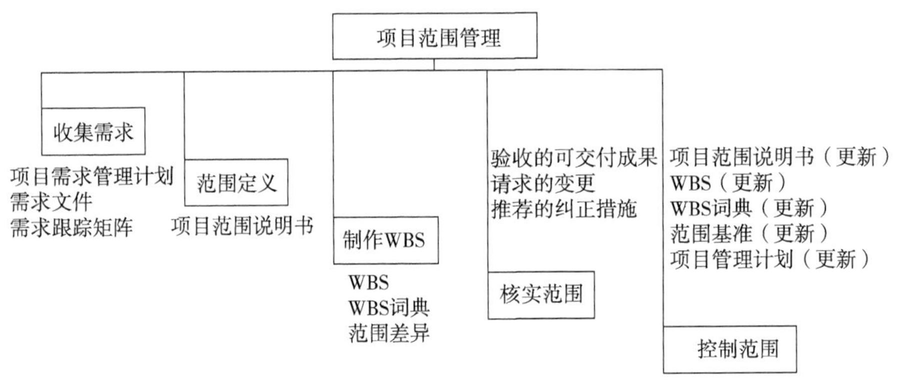

图 3－4　项目范围管理过程

3.4.2　收集需求

第一步对干系人的需求进行收集，这个过程的输入、输出及工具技术见图 3－5。

让干系人积极参与需要发掘和分解工作（分解成需求），并仔细确定、记录和管理对产品、服务或成果的需求，能直接促进项目成功。需求是指根据特定协议或其他强制性规范，项目必须满足的条件或能力，或者产品、服务及成果必须具备的条件或能力。需求包括发起人、客户和其他干系人的已量化且书面记录的需要和期望。应该足够详细地探明、分析和记录这些需求，将其包含在范围基准中，并在项目执行开始后对其进行测量。需求将成为工作分解结构（WBS）的基础。需求也是质量规划的基础，有时也是采购工作的基础。收集需求从分析项目章程（见第二章第二节）、干系人登记册、干系人管理计划（见第二章第四节）中的信息开始。

工具与技术

1. 访谈；
2. 焦点小组会议；
3. 引导式研讨会；
4. 群体创新技术；（头脑风暴等）；
5. 群体决策技术；
6. 问卷调查；
7. 观察；
8. 原型法

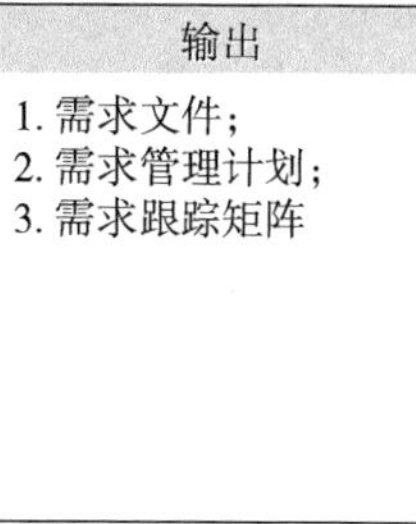

图 3－5　收集需求的输入、输出与工具

1. 收集需求：输入

《项目章程》《干系人登记册》等。见第二章。

2. 收集需求：输出

（1）需求文件

用途：描述各种单一需求将如何满足与项目相关的业务需求；

内容：业务需求或需抓住的机遇，描述当前局面的不足以及启动项目的，可跟踪的业务目标和项目目标；

功能要求，描述业务流程、信息以及与产品的内在联系，可采用适当的方式，如写成文本式需求清单或制作出模型，也可以同时采用这两种方法；

非功能性要求，如服务水平、绩效、安全、防护、合规性、保障能力、保留/清除等；

质量要求：

· 验收标准；

· 体现组织指导原则的业务规则；

· 对组织其他领域的影响，如呼叫中心、销售队伍、技术团队；

· 对执行组织内部或外部团体的影响；

· 对支持和培训的需求；

· 与需求有关的假设条件和制约因素。

（2）需求管理计划

用途：描述在整个项目生命周期内如何分析、记录和管理需求；

内容：如何规划、跟踪和汇报各种需求活动；配置管理活动，例如，如何启动产品、服务或成果的变更，如何分析其影响，如何进行跟踪和汇报，以及谁有权批准变更；

· 需求排序过程；

· 产品测量指标及使用这些指标的理由；

· 需求跟踪结构，即：哪些需求属性将列入跟踪矩阵，并可在其他哪些项目文件中追踪到这些需求。

(3) 需求跟踪矩阵（REQUIREMENT TRACKING MATRIX，RTM）

需求跟踪矩阵是一种主要管理需求变更和验证需求是否得到实现的有效工具，借助RTM，可以跟踪每个需求的状态。

用途：在需求变更、设计变更、代码变更、测试用例变更时，需求跟踪矩阵是目前经过实践检验的进行变更波及范围影响分析的最有效的工具。

内容：如图 3－6 所示。

产品需求跟踪矩阵

所属产品	
编写人	
编写日期	

修订记录：

版本号	修订人	修订日期	修订描述

说明：

（1）该表用于产品开发过程中维护需求跟踪性。如果产品线或项目组使用RequisitePro或其他需求管理工具，则不必使用此表。

（2）当活动和相关工作产品裁剪时，相应的跟踪活动一并裁剪，其跟踪表可从本文件中删除。

图 3－6　常见的需求分析矩阵

3. 收集需求：工具与技术

工具一：麦肯锡方法

麦肯锡成立于 1923 年，是世界上最成功的战略咨询公司。它是国际商务圈里一个赫赫有名的品牌。由它创立的发现问题、解决问题的方法被世界各地广泛使用。

具体步骤如图 3－7 所示。

工具二：头脑风暴法（集思广益会）

头脑风暴法（BRAIN STORMING），是指由美国 BBDO 广告公司的奥斯本首创，该方法主要由价值工程工作小组人员在正常融洽和不受任何限制的气氛中，以会议形式进行讨论、座谈，打破常规，积极思考，畅所欲言，充分发表看法。

在群体决策中，由于群体成员心理相互作用影响，易屈于权威或大多数人意见，形成所谓的“群体思维”。群体思维削弱了群体的批判精神和创造力，损害了决策的质量。为了保证群体决策的创造性，提高决策质量，管理上发展了一系列改善群体决策的方法，头脑风暴法是较为典型的一个。

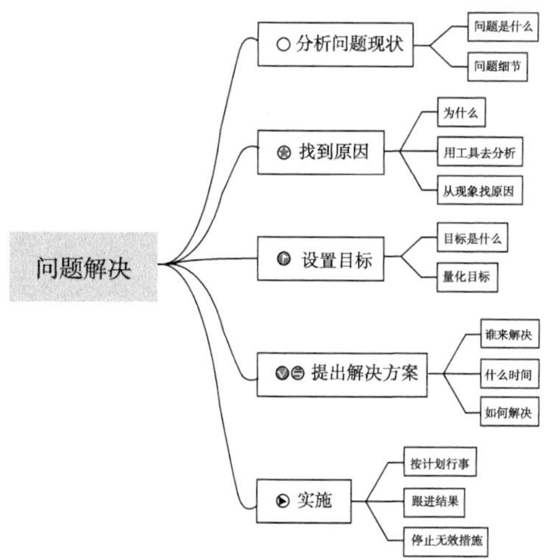

图 3－7　麦肯锡方法

实施步骤：

（1）分组：小组人数一般为 10～15 人（课堂教学也可以班为单位），最好由不同专业或不同岗位者组成。

（2）时间一般为 20～60 分钟。

（3）设主持人一名，主持人只主持会议，对设想不做评论。设记录员 1～2 人，要求认真将与会者每一设想不论好坏都完整地记录下来。

（4）主持人扼要地介绍有待解决的问题。

（5）讨论并提出见解。

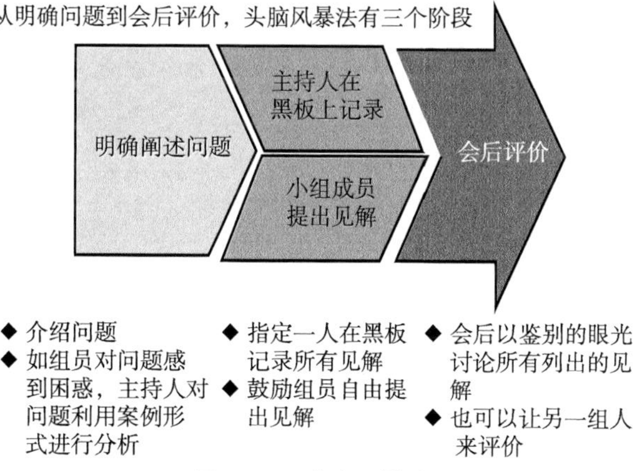

图 3－8　头脑风暴法

（6）会后评价及处理：

①对所有提出的设想编制名称一览表；

②用通用术语说明每一设想的要点；

③找出重复的和互为补充的设想，并在此基础上形成综合设想；

④提出对设想进行评价的准则；

⑤分组编制设想一览表。

工具三：德尔菲技术（专家咨询法）

德尔菲技术是决策学中的一种方法。20 世纪 40 年代由 O. 赫尔姆和 N. 达尔克首创，经过 T. J. 戈尔登和兰德公司进一步发展而成的。德尔菲这一名称起源于古希腊有关太阳神阿波罗的神话。传说中阿波罗具有预见未来的能力。因此，这种预测方法被命名为德尔菲法。1946 年，兰德公司首次用这种方法进行预测，后来该方法被迅速广泛采用运用。

这种方法的步骤是：

（1）根据问题的特点，选择和邀请做过相关研究或有相关经验的专家；

（2）将与问题有关的信息分别提供给专家，请他们各自独立发表自己的意见，并写成书面材料；

（3）管理者收集并综合专家们的意见后，将综合意见反馈给各位专家，请他们再次发表意见。如果分歧很大，可以开会集中讨论；否则，管理者分头与专家联络；

（4）如此反复多次，最后形成代表专家组意见的方案。

工具四：思维导图法

思维导图，英文是 THE MIND MAP，又叫心智导图，是一种将思维形象化的方法，是表达发散性思维的有效图形思维工具。它简单却又很有效，是一种实用性的思维工具。

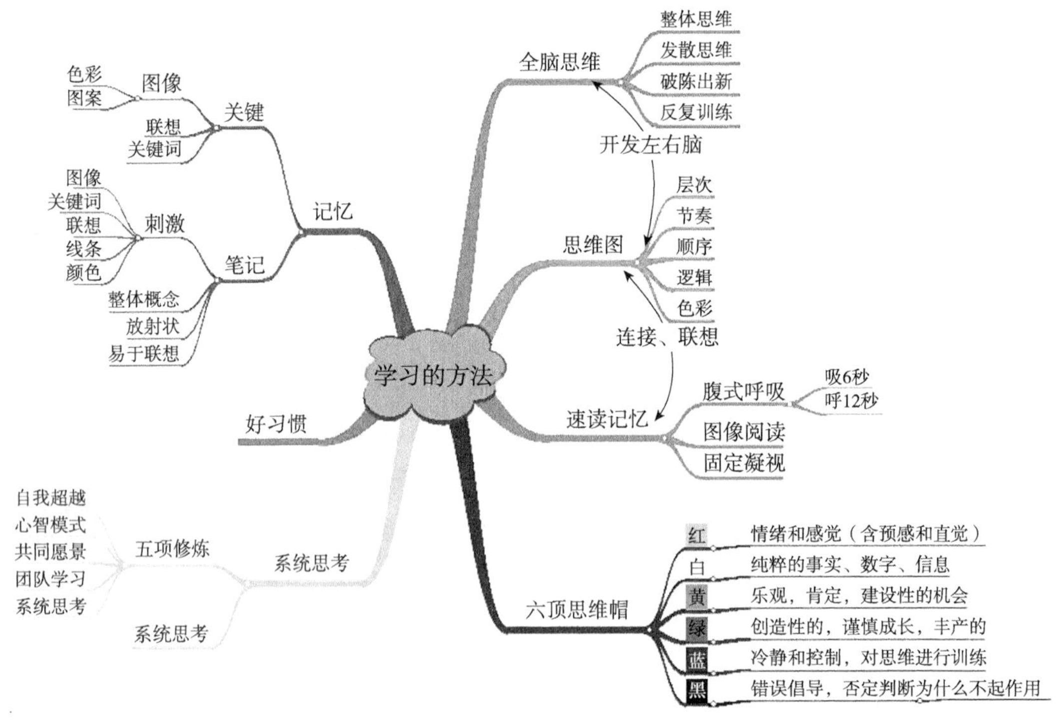

图 3－9　思维导图法

思维导图运用图文并重的技巧，把各级主题的关系用相互隶属与相关的层级图表现出来，把主题关键词与图像、颜色等建立记忆链接。思维导图充分运用左右脑的机能，利用记忆、阅读、思维的规律，协助人们在科学与艺术、逻辑与想象之间平衡发展，从而开启人类大脑的无限潜能。思维导图因此具有人类思维的强大功能。

思维导图可以使用一个中央关键词或想法引起形象化的构造和分类的想法；它用一个中央关键词或想法以辐射线形连接所有的代表字词、想法、任务或其他关联项目的图解方式。实例：学习方法思维导图，如图 3 - 9 所示。

3.4.3　定义范围

定义范围是把项目的可交付成果（一个主要的子项目）划分为较小的、更易管理的多个单元。这个阶段的输入主要是《项目章程》，输出是项目范围说明书。

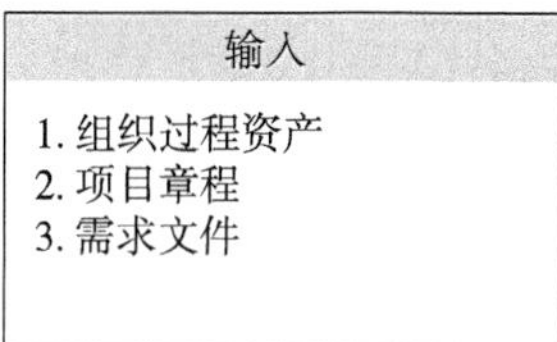

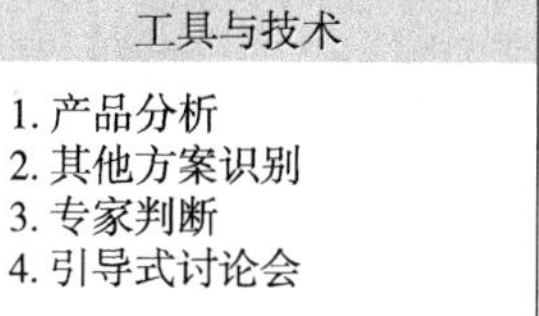

输出
1. 项目范围说明书
2. 请求的变更
3. 项目范围管理计划（新）

图 3 - 10　项目定义范围

项目范围说明书是根据项目章程编制的，旨在描述项目的可交付成果以及为完成这些可交付成果而必须进行的工作，以便项目干系人对项目范围有共同的理解，项目团队据此编制工作分解结构和工作分解结构词典。

项目范围说明书对可交付成果的描述，要比项目章程中的更详细。前文曾提到过，在做事情之前，一定要“三思而后行，谋定而后动”。我们做事情，有个重要的原则就是，不可少做必要的事情，不可多做任何不必要的事情。项目范围说明书就是要在“必要”和“不必要”的事情之间，划一个界限并获得项目干系人同意和认可，作为将来项目决策的基础依据之一。

制定项目范围说明书，不是项目经理自己在办公室就可以完成的，必须走访主要项目干系人，多与他们沟通，了解和分析他们的需求，才能最后确定项目范围。这种走访和沟通一定要深入细致，绝对不能做表面文章；而且，你也不能指望项目发起人或其他主要干系人能直接给你一个很明确的项目范围，否则要你这个项目经理干什么？主要的项目干系人不一定说得清楚项目的范围，需要你用自己的知识和经验去引导他们，大家一起共同开发出合适的项目范围。项目范围说明书是专门描述项目范围的第一个文件，一定不能出错，否则后面的一切都跟着出错。

项目范围说明书目的：

详细说明项目的可交付成果和为提交这些成果而必须开展的工作，是所有利害关系者对项目范围的共同理解，说明了项目的主要目标使项目团队能够实施更详细的规划，在执行过程中指导项目团队的工作，构成了评价变更请求或增加的工作是否超出了项目边界的基准，通常项目范围说明书的内容包括（但不局限于）：

项目名称及描述：主要介绍项目背景、项目要满足的要求或要解决的问题等。

项目目的：指做项目的理由，通常来讲，项目一定要对组织战略或经营有贡献。

项目目标：指为实现项目目的而必须达成的目标，包括时间、成本和功能（范围与质量）目标。

项目边界：对什么是包括在项目之内的，作总体性描述。如果项目干系人容易误解某些内容是项目的组成部分，那么也需要明确说明它们是本项目之外的。

可交付成果描述：要提交哪些可交付成果？它们的要求和特征是什么？对其要求和特征的描述要尽可能详细。与项目章程相比，范围说明书对可交付成果的划分更细，描述也更多。

项目的主要限制条件：指与项目范围有关的，对项目的各种限制条件会限制项目团队的选择范围。限制条件可能是资金方面、技术方面或时间方面等。例如，发起人指定了某个不能更改的完工日期。比项目章程范围说明书中的限制条件更多、更详细。

项目的主要假设条件：指与项目范围有关的，假设为真实的各种前提条件。假设条件可以是多种多样的，如资源的可获得性、一定的自然环境和社会环境等。

项目范围说明书示例如图 3－11 所示。

项目名称：________　　准备日期：________

产品范围描述：

项目可交付成果：

项目验收标准：

项目例外事项：

项目的约束：

项目的假设：

图 3－11　项目范围说明书示例

虽然项目章程和项目范围说明书的内容存在一定程度的重叠，但它们的详细程度完全不同。项目章程包括高层级的信息，而项目范围说明书则是对项目范围的详细描述。项目范围需要在项目过程中渐进明细。图 3－12 显示了这两个文件的一些关键内容。

项目章程	项目范围说明书
项目目的或批准项目的原因 可测量的项目目标和相关的成功标准 高层级需求 高层级项目描述 高层级风险 总体里程碑进度计划 总体预算 干系人清单 项目审批要求（如什么构成项目成功，由谁决定，由谁签署） 委派的项目经理及其权责 发起人或其他批准项目章程的人员的姓名和职权	项目范围描述（渐进明细） 验收标准 项目可交付成果 项目的除外责任 项目制约因素 项目假设条件

图 3－12　项目章程与项目范围说明书的内容对比

3.4.4　创建工作分解结构（WBS）

创建工作分解结构（Work Breakdown Structure，WBS）是把项目可交付成果和项目工作分解成较小的、更易于管理的组件的过程。这个过程的主要作用是，对所要交付的内容提供一个结构化的视图。

WBS 是项目管理中最有用的工具之一。工作分解结构就像一张地图，它把整个项目范围清晰、有条理、有次序地摆在一张图上。这样，无论是项目团队成员，还是其他项目干系人都能清楚地知道项目要完成哪些工作，便于控制项目边界。

前文提到，项目范围说明书界定项目的边界，工作分解结构则是明确边界之内到底有什么。工作分解结构是对项目工作的逐层分解，把项目工作分解成较小的、便于管理的组成部分，每下降一个层次就代表对项目工作的更加详细的定义。

工作分解结构最低层次上的要素（任何没有子要素的要素）称为工作包。在这一过程中，输入项目范围说明书、需求文件，通过工作分解结构模板进行分解，输出工作分解结构 WBS，以及 WBS 词典。

输入	工具与技术	输出
1. 组织过程资产 2. 项目范围说明书 3. 需求文件	1. 工作分解结构模板 2. 分解	1. 工作分解结构 2. 工作分解结构词汇表 3. 范围基准 4. 项目文件（更新）

图 3－13　创建项目工作分解结构 WBS

3.4.5　工作分解结构的工具和方法

1. 创建 WBS 的工具——分解

分解是一种把项目范围和项目可交付成果逐步划分为更小、更便于管理的组成部分的技术。工作包是 WBS 最低层的工作，可对其成本和持续时间进行估算和管理。分解的程度取决于所需的控制程度，以实现对项目的高效管理。工作包的详细程度因项目规模和复杂程度而异。要把整个项目工作分解为工作包，通常需要开展以下活动：

（1）识别和分析可交付成果及相关工作；

（2）确定 WBS 的结构和编排方法；

（3）自上而下逐层细化分解；

（4）为 WBS 组件制定和分配标识编码；

（5）核实可交付成果分解的程度是否恰当。

2. 工作分解结构的步骤

（1）识别可交付成果和工作；

（2）确定分解结构；

（3）将上层分解为下层；

（4）分配标识号（编码）；

（5）核实工作的分解的程度是否必要而又足够。

不能分解：很远的将来要完成的成果。要在未来远期才完成的可交付成果或组件，当前可能无法分解。项目管理团队通常需要等待对该可交付成果或组件的一致意见，以便能够制定出 WBS 中的相应细节。这种技术有时称作滚动式规划。

其他需要注意的是，在创建 WBS 过程和活动定义过程都需要进行分解，区别是：在创建 WBS 过程中最终产物是可交付成果，是名词；在活动定义过程中最终产物是活动列表，是动词。对工作的分解结构如图 3－14 所示。

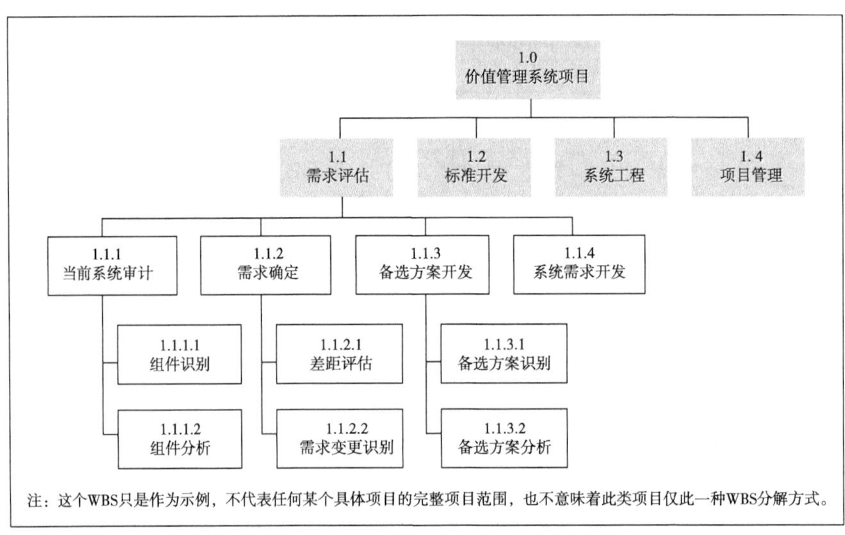

图 3－14　分解到工作包的 WBS 示例

工作分解结构最小的单元是工作包（work package），也称为工作细木。工作包是 WBS 最底层的可交付成果或项目工作成分。

能够对工作包进行进度安排、成本估算以及监视和控制。

工作包下面是进度活动（schedule activity）和进度里程碑（schedule milestone）。

对同一个项目，不同的人可以编出不同的甚至差别很大的工作分解结构。项目启动之后，应该允许不同的项目干系人根据自己的意愿编制自己喜欢的工作分解结构，然后项目经理把大家召集在一起，公布大家的工作分解结构，并引导大家进行讨论，得到一个大家都能接受的工作分解结构，用来指导项目工作。

编制工作分解结构，并没有唯一正确的方法，而是有多种方法。这些方法各有优缺点，既可供不同项目或不同干系人采用，也可供在同一个工作分解结构中组合使用。

1. 以可交付成果为工作包进行分解

可以按可交付成果为工作包进行分解。例如，飞机系统研制项目可以按其组件分为机身、引擎、通信系统、导航系统和消防系统等。如图 3－15 所示。

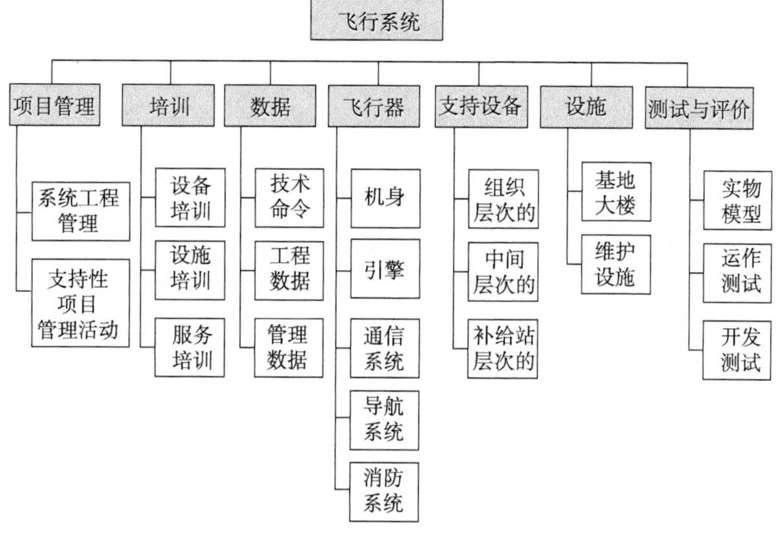

图 3－15　飞行系统制造 WBS 示例

2. 以时间阶段为第一层，对软件产品发行版本进行更新

可以按项目阶段进行分解，如软件产品可按照开发流程分解工作包：项目需求分析、详细设计、构建系统和整合调试等，如图 3－16 所示。

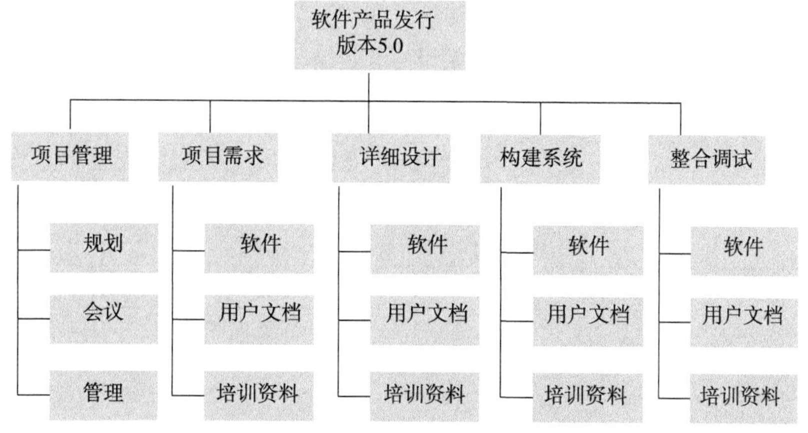

图 3－16　软件产品发行版本更新

可以按承担工作的部门进行分解，如市场调查（市场部负责）、工程设计（设计部负责）、材料采购（采购部负责）、样品制造（生产部负责）。在实际工作中，不少人以活动为导向编制工作分解结构，即工作分解结构中的每一个要素都是动词（要做的活动）。以活动为导向，编制工作比较容易，但工作分解结构的作用比较局限。项目经理要求工作分解结构必须以可交付成果为导向，即其中的每一个要素都是名词（可交付成果）。以可交付成果为导向，编制工作的难度较大，但工作分解结构的作用比较大，如有利于对团队成员开展以结果（可交付成果）为导向的业绩考核。

编制工作分解结构，是既容易又困难的工作。随便编一编，是很容易的；要真正编出一个高质量的工作分解结构（对组织和考核项目工作最有用），则是很困难的。

3. 高质量的 WBS 要满足下列条件

（1）形式上符合工作分解结构的基本规范。

一方面，工作分解结构必须包括项目的全部工作，而且不包括任何多余的工作。另一方面，全部子要素之和必须刚好等于相应的母要素；全部子要素都完成时，相应的母要素也就同时完成。

（2）便于有效组织和分配项目工作，并指定相关责任人，进行业绩考核。

有些子要素，既可以归到这个母要素，也可以归到那个母要素。到底如何归类，取决于工作组织和分配的需要。为了便于对每个要素指定责任人，就要尽量减少各要素之间的交叉。

有利于编制项目的进度、成本和质量计划等。工作分解结构是后续各种项目计划的基础，自然就需要有利于各种后续项目计划的编制。例如，工作包的设定，就要充分考虑估算工期和成本以及确定质量标准的需要。

在本章导入案例中，《项目章程》确定了项目总体进度计划：

项目开始时间：2018 年 7 月 1 日

项目结束时间：2018 年 12 月 31 日

主要里程碑安排：

2018 年 7 月 1 日 ~2018 年 7 月 10 日：方案设计

2018 年 7 月 11 日 ~2018 年 7 月 20 日：用户需求调研

2018 年 7 月 21 日 ~2018 年 12 月 10 日：软件开发

2018 年 12 月 11 日 ~2018 年 12 月 31 日：BETA 测试

项目经理陈明以时间阶段为第一层对上表划分的各工作阶段进行了工作分解，并把工作分解的内容列在表 3－1 中。

表 3－1　工作任务分解

档案管理软件产品开发项目工作分解清单
1. 方案设计
2. 用户需求调研
3. 软件开发
3.1 功能框架设计

续表

档案管理软件产品开发项目工作分解清单
3.2 程序代码编制
3.2.1 用户输入功能代码编制
3.2.2 用户查询功能代码编制
3.2.3 用户数据功能代码编制
3.2.4 主界面代码编制
3.2.5 安全登录界面代码编制
3.2.6 界面美化代码编制
4. Beta 测试

根据表 3-1 编制该软件开发项目的 WBS 工作分解结构图，同时对各项工作进行编码，WBS 如图 3-17 所示。

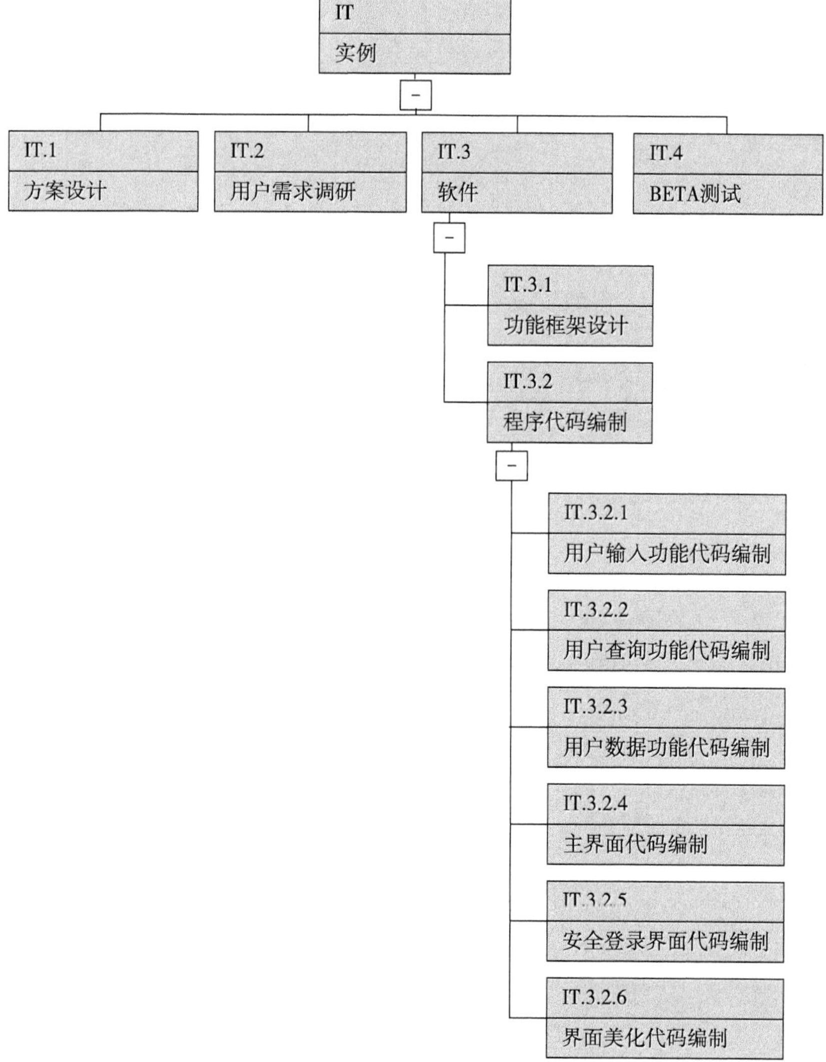

图 3-17　档案管理软件产品开发项目的 WBS

WBS 包含了全部的产品和项目工作，包括项目管理工作。通过把 WBS 底层的所有工作逐层向上汇总，以确保既没有遗漏的工作，也没有多余的工作。有时被称为 100% 规则。

3.4.6 工作分解结构词典

工作分解结构词典是工作分解结构的支持性文件，是制作 WBS 过程中产生并与 WBS 配合使用的文件，对工作分解结构中的各要素作详细说明。工作分解结构相当于按一定逻辑关系的名词汇编，工作分解结构词典就相当于详细的名词解释。

工作分解结构 WBS 词典的内容包括（不限于）：

简明的范围定义

工作说明

可交付成果是什么

具体活动清单

里程碑清单

开始与完成日期

需要哪些资源

费用多少

合同信息

当然，详细到什么程度，没有统一的标准，视具体项目的需要而定。工作分解结构词典，至少要对每个工作包作详细说明，如质量要求、时间要求、成本限制、负责人及协助人、与其他工作包或要素的关系等。WBS 词典示例如图 3－18 所示。

项目名称：__________ 准备日期：__________

工作包名称：					WBS编号：				
工作描述：									
里程碑： 1. 2. 3.					到期日：				
编号	活动	资源	人工			物资			总成本
			小时	单价	合计	数量	成本	合计	
质量需求：									
验收标准：									
技术信息：									
合同信息：									

图 3－18　WBS 词典示例

如前所述，项目范围说明书旨在确定项目的边界，工作分解结构旨在明确边界内有什么具体内容。现在，再补充一句，工作分解结构词典旨在对工作分解结构的每个要素作详细说明。

第五节　制订项目进度计划

第四节我们已经将项目分解成工作包，并形成了 WBS，每一个工作包的具体持续时间是多长呢？有没有资源、人力、时间等之间的关联呢？怎么才能使项目各项工作有序高效按时完成呢？需要制订项目管理计划的子计划：项目进度计划。

项目进度计划，也就是通常所说的项目时间计划，是对项目所有活动的顺序和工期进行安排、协调，并确定项目的总工期。最终的进度计划通常要放在日历表上。

编制项目进度计划，并据此实施与监控项目的进度绩效，这就是项目进度管理，也就是项目时间管理。进度管理是项目管理的重要内容之一。项目中的许多冲突来源于项目进度安排，项目经理要通过进度管理来协调各种资源的分配。

尽管项目进度延期不一定导致项目彻底失败，但无疑会引起成本增加和项目干系人不满。因此，必须培养项目管理人员的时间管理意识，使他们具备争分夺秒的时间观念和说到做到的诚实守信精神，能认真编制计划、严格实施计划，避免前松后紧和后期的大赶工、大会战等现象出现。项目进度计划有两个维度：

在时间维度，项目进度计划是对项目所有活动的顺序和工期进行安排、协调，并确定项目的总工期。最终的进度计划通常要放在日历表上。

在管理维度，项目进度计划是项目管理的一个子集，包括为确保项目按时完成所需要的过程。如图 3－19 所示。

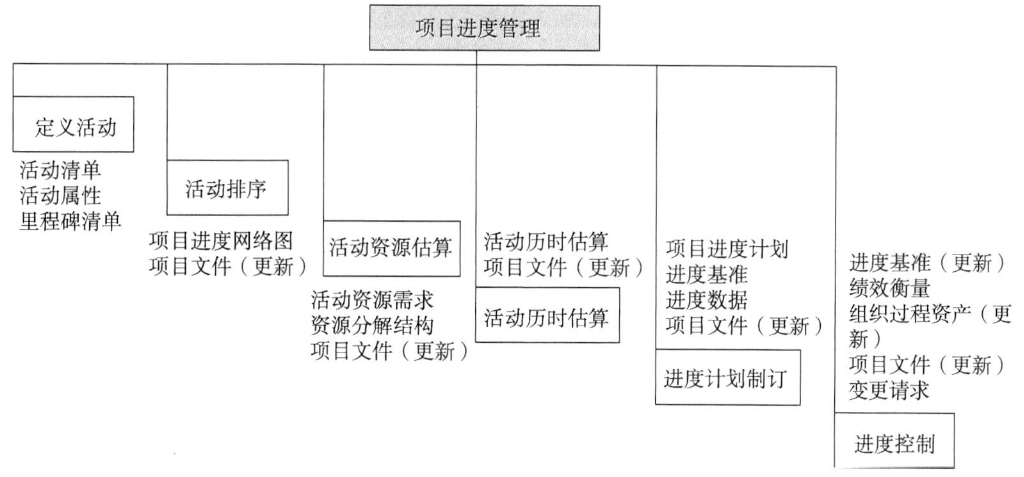

图 3－19　项目时间管理

活动定义——确定为完成各种项目可交付成果所必须进行的诸项具体活动（WBS）；

活动排序——确定各项活动之间的依赖关系，并形成文档；

活动资源估算——估算完成单项活动所需的资源；

活动历时估算——估算完成单项活动所需的工作时段数；
制订进度计划——分析活动顺序、活动历时和资源要求，以编制项目进度计划；
进度计划控制——控制项目进度计划的变化。

3.5.1 定义活动

项目时间管理的第一项工作就是把工作包分解成活动，弄清楚完成每一个工作包需要做哪些具体的活动，从而弄清楚完成整个项目需要做的所有活动，得到项目的活动清单及活动属性等。

输入	工具与技术	输出
1. 事业环境因素 2. 组织过程资产 3. 范围基准	1. 分解 2. 模板 3. 滚动式规划 4.专家判断	1. 活动清单 2. 活动属性 3. 里程碑清单 4. 请求的变更

图 3－20　定义活动

活动是通过对工作包的识别与分解而得出，进度活动（又称计划活动）是估算、进度制定、执行和监控项目的基础。

1. 定义活动：输入

定义活动的输入有项目范围基准、事业环境因素和组织过程资产。

2. 定义活动：输出

（1）活动清单

活动清单样表如表 3－2 所示。

表 3－2　活动清单

活动 ID	名称	历时	描述	负责人	成果	备注
1						
2						
3						
4						
5						
6						
7						

（2）活动属性

活动属性（Activity Attributes）：能列入活动清单的各进度活动所具有的多种属性。

活动属性包括以下内容：

活动标志：

活动编号：

活动名称：

先行活动：

后续活动：

逻辑关系：

提前或滞后：

资源要求：

强制日期：

制约因素：

假设：

执行人：

（3）里程碑清单

里程碑清单包括但不限于下述示例：

编码代号：IT12

工作说明书：《档案管理软件产品开发项目工作说明书》

负责人：陈明

进度里程碑清单：

　　2018 年 5 月 1 日，完成……

　　2018 年 10 月 1 日，完成……

参考工作包：IT11、IT13

参考技术文献：

　　GB…

　　ISO…

3. 定义活动：工具与技术

在定义活动时，可用的工具与技术主要有分解、模板、滚动式规划和专家判断等。

4. 项目活动依赖关系分析

（1）强制性依赖关系——硬逻辑

强制性依赖关系指项目活动中客观存在的，不能被改变的依赖关系。这种关系是项目活动排序分析时不能违背的一种关系，一般是由于客观规律等方面的限制因素所造成的。譬如，在进行工程建筑时只有建筑好了地基才能进行上部建筑的建造，二者之间的关系就是强制依赖关系。

（2）自由依赖关系——软逻辑

自由依赖关系指能够由项目组织根据项目目前所处状态自由处理的项目活动之间的依赖关系。一般这种关系是由项目管理者的主观判定而形成的。这种关系会影响项目进度的安排，因此在确定时需要非常小心并且不断进行优化处理。

（3）外部依赖关系

外部依赖关系对外界环境的依赖，如只有天气合适，才适合滑雪，召开环境影响听证会等。

3.5.2　活动排序

有了活动清单，就需要通过活动排序搞清楚活动之间的逻辑关系。哪些活动必须一项接一项做（先后顺序关系），哪些活动可以同时做（并行关系）。

排列活动顺序是识别和记录项目活动之间的关系的过程。本过程的主要作用是，定义工作之间的逻辑顺序，以便在既定的所有项目制约因素下获得最高的效率。

在资源许可的情况下，把可以同时进行的活动同时进行，就可以缩短项目工期。运筹学中的网络图技术，是用来作活动排序的常用技术，如紧前关系绘图法，也叫单代号法（因为用一个代号表示活动），或节点法（因为活动的名称写在节点里面）。对活动排序过程的输入、输出以及工具技术如图 3－21 所示。

输入	工具与技术	输出
1. 项目范围说明书 2. 活动清单 3. 活动属性 4. 里程碑清单 5. 组织过程资产	1. 紧前关系绘图法（PDM） 2. 箭线绘图法（ADM） 3. 进度网络模板 4. 确定依赖关系 5. 利用时间提前量与滞后量	1. 项目进度网络图 2. 活动清单（更新） 3. 活动属性（更新） 4. 请求的变更

图 3－21　活动排序

1. 活动排序：输入

（1）项目范围说明书

项目范围说明书中包含产品范围描述，而产品范围描述中又包含可能影响活动排序的产品特征，如待建厂房的布局图或软件项目中的子系统界面。项目范围说明书中的其他信息也可能影响活动排序，如项目可交付成果、项目制约因素和假设条件。虽然活动清单中已经体现这些因素的影响结果，但还是需要对产品范围描述进行整体审查以确保准确性。

（2）项目活动清单

活动清单列出了项目所需的、待排序的全部进度活动。这些活动的依赖关系和其他制约因素会对活动排序产生影响。

（3）活动属性

活动属性中可能描述了事件之间的必然顺序或确定的紧前紧后关系。

（4）里程碑清单

里程碑清单中可能已经列出特定里程碑的实现日期，这可能影响活动排序的方式。

（5）事业环境因素

会影响活动排序过程的事业环境因素包括（但不限于）：

政府或行业标准；

项目管理信息系统（PMIS）；

进度规划工具；

公司的工作授权系统。

（6）组织过程资产

能够影响排列活动顺序过程的组织过程资产包括（但不限于）：公司知识库中有助于确定进度规划方法论的项目档案，现有的、正式或非正式的、与活动规划有关的政策、程序和指南（如用于确定逻辑关系的进度规划方法论），以及有助于加快项目活动网络图编制的各种模板。模板中也会包括有助于活动排序的，与活动属性有关的信息。

2. 活动排序：工具与技术

（1）紧前关系绘图法（PDM）

紧前关系绘图法是创建进度模型的一种技术，用节点表示活动，用一种或多种逻辑关系连接活动，以显示活动的实施顺序。活动节点法（AON）是紧前绘图法的一种展示方法，是大多数项目管理软件包所使用的方法。

PDM 包括四种依赖关系或逻辑关系。紧前活动是在进度计划的逻辑路径中，排在非开始活动前面的活动。

紧后活动是在进度计划的逻辑路径中，排在某个活动后面的活动。这些关系的定义如下，如图 3-22 所示。

在节点法中，有四种逻辑关系：

完成到开始，即 Finish to Start（FS）。

紧后活动在紧前活动完成之后才能开始。例如，举办社团活动中的“写标语”（紧前活动）和“挂标语”（紧后活动）。

完成到完成，即 Finish to Finish（FF）。

紧后活动在紧前活动完成之后才能完成。例如，管道铺设中的“管槽开挖”（紧前活动）和“管道埋设”（紧后活动）。

开始到开始，即 Start to Start（SS）。

紧后活动在紧前活动开始之后才能开始。例如，管道铺设中的“管槽开挖”（紧前活动）和“管道埋设”（紧后活动）。

开始到完成，即 Start to Finish（SF）。

紧前活动开始后，紧后活动必须结束。例如，一台租用的设备，租期是固定的，要用在两个活动上，所以第一项活动开始以后多少天（租期），第二项活动必须结束。

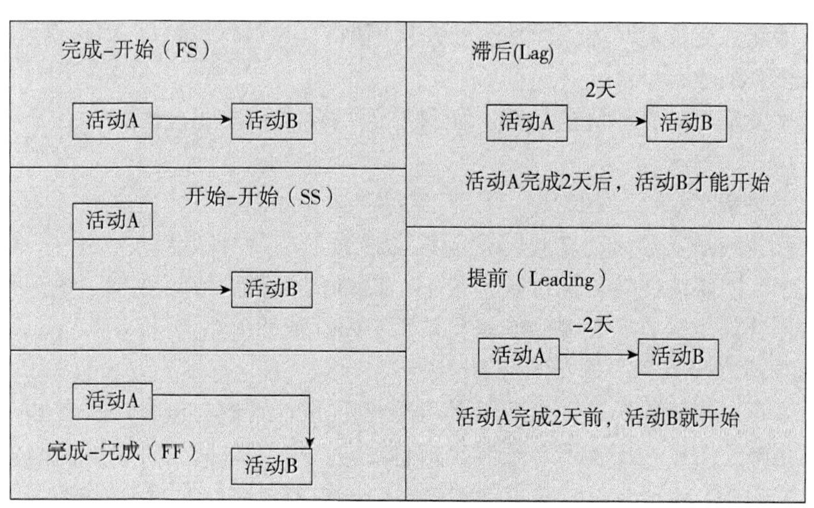

图 3-22 活动逻辑关系表达

在图 3-23 中，“完成到开始”是最常用的逻辑关系类型，“开始到完成”关系则很少使用。为了保持 PDM 四种逻辑关系类型的完整性，这里也将“开始到完成”列出。

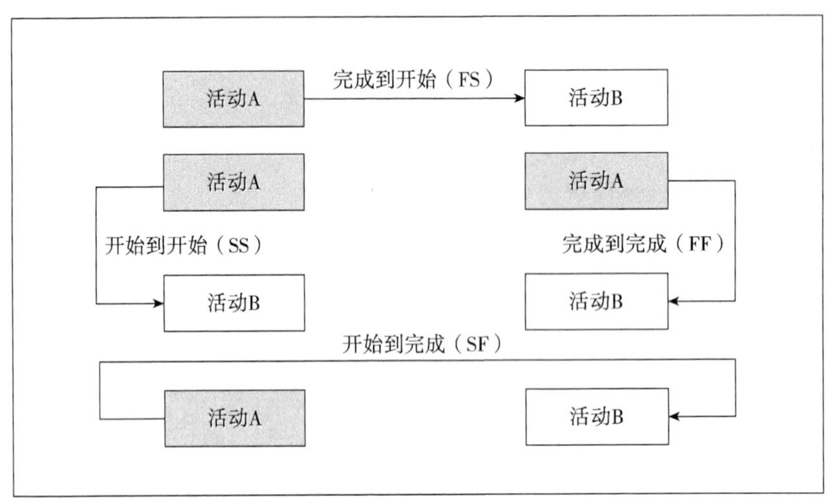

图 3-23　紧前关系绘图法（PDM）的活动关系类型

（2）项目活动依赖关系分析

强制性依赖关系——硬逻辑

强制性依赖关系指项目活动中客观存在的，不能被改变的依赖关系。这种关系是项目活动排序分析时不能违背的一种关系，一般是由于客观规律等方面的限制因素所造成的。比如，在进行工程建筑时只有建筑好了地基才能进行上部建筑的建造，二者之间的关系就是强制依赖关系。

自由依赖关系——软逻辑

自由依赖关系指能够由项目组织根据项目目前所处状态自由处理的项目活动之间的依赖关系。一般这种关系是由项目管理者的主观判定而形成的。这种关系会影响项目进度的安排，因此，在确定时需要非常小心并且不断进行优化处理。

外部依赖关系

外部依赖关系对外界环境的依赖，如只有天气合适，才适合滑雪，召开环境影响听证会等；

内部依赖关系

内部依赖关系是项目活动之间的紧前关系，通常在项目团队的控制中。例如，只有机器组装完毕，团队才能对其测试，这是一个内部的强制性依赖关系。在排列活动顺序过程中，项目管理团队应明确哪些依赖关系属于内部依赖关系。

（3）提前量和滞后量

提前量是相对于紧前活动，紧后活动可以提前的时间量。例如，在新办公大楼建设项目中，绿化施工可以在尾工清单编制完成前 2 周开始，这就是带 2 周提前量的完成到开始关系，如图 3-24 所示。在进度规划软件中，提前量往往表示为负滞后量。

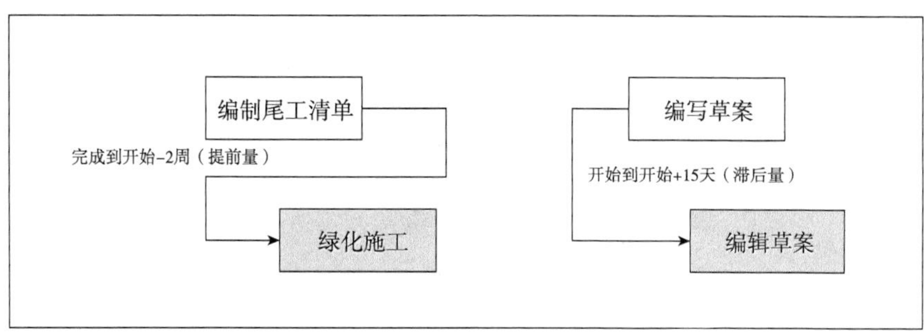

图 3－24　提前量和滞后量示例

滞后量是相对于紧前活动，紧后活动需要推迟的时间量。例如，对于一个大型技术文档，编写小组可以在编写工作开始后 15 天，开始编辑文档草案。这就是带 15 天滞后量的开始到开始关系，如图 3－24 所示。

项目管理团队应该明确哪些逻辑关系中需要加入提前量或滞后量，以便准确地表示活动之间的逻辑关系。提前量和滞后量的使用不能替代进度逻辑关系。应该记录各种活动及与之相关的假设条件。

3. 活动排序：输出

项目进度网络图

项目进度网络图是表示项目进度活动之间的逻辑关系（也叫依赖关系）的图形。图 3－25 是项目进度网络图的一个示例。项目进度网络图可手工或借助项目管理软件来绘制。进度网络图可包括项目的全部细节，也可只列出一项或多项概括性活动。项目进度网络图应附有简要文字描述，说明活动排序所使用的基本方法。在文字描述中，还应该对任何异常的活动序列做详细说明。

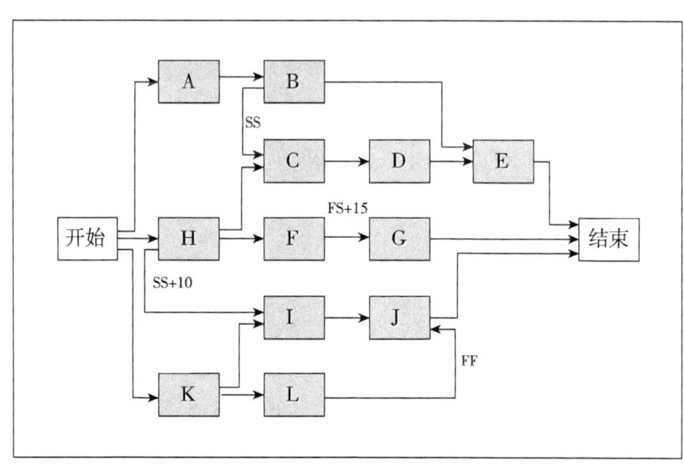

图 3－25　项目进度网络图

在图 3－25 中，活动 H 和活动 I 之间有滞后量，表示为 SS＋10（带 10 天滞后量的开始到开始关系），虽然图中并没有用精确的时间刻度来表示滞后的量值。

例：某人于早晨 7：00 起床，按其生活习惯，在其出门工作前，必须完成下列活动：5 分钟时间穿衣服，洗脸 4 分钟，10 分钟烧开一壶开水，5 分钟取牛奶，5 分钟热牛奶，

5 分钟吃饭，试问此人最早何时可以出门上班？假定只有一个炉灶。节点法绘制的项目进度网络图如图 3－26 所示。

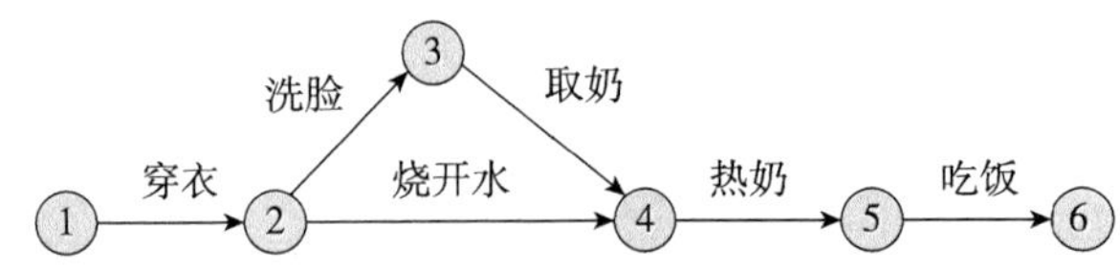

图 3－26　节点法绘制的项目进度网络图

3.5.3　估算项目资源和工作时间

与里程碑不同，活动具有持续时间，需要在该持续时间内开展工作，可能需要相应的资源和成本。活动属性是指每项活动所具有的多重属性，用来扩充对活动的描述。活动属性随时间演进。在项目初始阶段，活动属性包括活动标识、WBS 标识和活动标签或名称；在活动属性编制完成时，可能还包括活动编码、活动描述、紧前活动、紧后活动、逻辑关系、提前量与滞后量、资源需求、强制日期、制约因素和假设条件。活动属性可用于分配执行工作的负责人，确定开展工作的地区或地点，编制开展活动的项目日历，以及明确活动类型，如支持型活动、独立型活动和依附型活动。活动属性还可用于编制进度计划。根据活动属性，可在报告中以各种方式对计划进度活动进行选择、排序和分类。活动属性的数量因应用领域而异。

1. 估算项目资源

资源是一切具有现实及潜在价值的东西。资源包括自然资源、人造资源、内部资源、外部资源、有形资源、无形资源等。项目管理作为一种方法，也是一种资源。

估算活动资源是估算执行各项活动所需的材料、人员、设备或用品的种类和数量的过程。

本过程的主要作用是，明确完成活动所需的资源种类、数量和特性，以便做出更准确的成本和持续时间估算。

主要工具和技术：专家判断，备选方案分析，出版的估算数据，项目管理软件和自下而上估算等。

（1）专家判断

经常需要利用专家判断，来评价过程与资源有关的输入。具有资源规划与估算专业知识的任何小组或个人，都可以提供这种专家判断。

（2）备选方案分析

很多进度活动都有若干种备选的实施方案，如使用能力或技能水平不同的资源、不同规模或类型的机器、不同的工具（手工或自动的），以及自制、租赁或购买相关资源。

（3）发布的估算数据

一些组织会定期发布最新的生产率信息与资源单位成本，涉及门类众多的劳务、材料和设备，覆盖许多国家及其所属地区。

（4）自下而上估算

自下而上估算是一种估算项目持续时间或成本的方法，通过从下到上逐层汇总 WBS

组件的估算而得到项目估算。如果无法以合理的可信度对活动进行估算，则应将活动中的工作进一步细化，然后估算资源需求。接着再把这些资源需求汇总起来，得到每个活动的资源需求。

活动之间可能存在会影响资源利用的依赖关系。如果存在，就应该对相应的资源使用方式加以说明，并记录在活动资源需求中。

（5）项目管理软件

项目管理软件，如进度规划软件，有助于规划、组织与管理资源库，以及编制资源估算。利用先进的软件，可以确定资源分解结构、资源可用性、资源费率和各种资源日历，从而有助于优化资源使用。

估算项目资源的输出：

（1）活动资源需求

活动资源需求明确了工作包中每个活动所需的资源类型和数量。然后，把这些需求汇总成每个工作包和每个工作时段的资源估算。资源需求描述的细节数量与具体程度因应用领域而异。在每个活动的资源需求文件中，都应说明每种资源的估算依据，以及为确定资源类型、可用性和所需数量所做的假设。

（2）资源分解结构

资源分解结构是资源依类别和类型的层级展现。资源类别包括人力、材料、设备和用品资源类型包括技能水平、等级水平或适用于项目的其他类型。资源分解结构有助于结合资源使用情况，组织与报告项目的进度数据。

（3）项目文件更新

可能需要更新的项目文件包括（但不限于）：活动清单；活动属性；资源日历。

2. 估算项目活动时间

估算活动持续时间是根据资源估算的结果，估算完成单项活动所需工作时段数的过程。本过程的主要作用是，确定完成每个活动所需花费的时间量，为制订进度计划过程提供主要输入。

估算活动持续时间依据的信息包括：活动工作范围、所需资源类型、估算的资源数量和资源日历。应该由项目团队中最熟悉具体活动的个人或小组，来提供活动持续时间估算所需的各种输入。对持续时间的估算应该渐进明细，取决于输入数据的数量和质量。例如，在工程与设计项目中，随着数据越来越详细，越来越准确，持续时间估算的准确性也会越来越高。

所以，可以认为，持续时间估算的准确性和质量会逐步提高。

在本过程中，应该首先估算出完成活动所需的工作量和计划投入该活动的资源数量，然后结合项目日历和资源日历，据此计算出完成活动所需的工作时段数（活动持续时间）。应该把活动持续时间估算所依据的全部数据与假设都记录在案。

项目活动时间估算：在一定条件下，直接完成该工作所需时间与必要停歇时间之和。

主要方法：专家判断；类比估计；技术计算法；单一时间估计法；三时估计法等。

方法（一）：专家判断

专家判断主要依赖于历史的经验和相关的数据信息，对工作时间进行估计。当然其时间估计的结果也具有一定的不确定性和风险。

方法（二）：类比估计

类比估计意味着以先前的类似的实际项目的工作时间来推测估计当前项目工作的实际时间。当项目的一些详细信息获得有限的情况下，这是一种最为常用的方法。类比估计可以说是专家判断的一种形式。

方法（三）：技术计算法

根据国家标准和工作定额进行计算。

方法（四）：单一时间估计法

估计一个最有可能工作实现时间，对应于 CPM（关键线路法）网络。

方法（五）：三时估计法

估计工作执行的三个时间，乐观时间 a、悲观时间 b、正常时间 m，对应于 PERT（计划评审技术）网络。

$$\text{期望时间} \quad t = (a + 4m + b)/6 \tag{3-1}$$

3.5.4 编制项目进度计划

通过工作分解结构，项目的可交付成果已经分解到工作包的层次。可以编制项目进度计划了。

输入	工具与技术	输出
1. 组织过程资产 2. 项目范围说明书 3. 活动清单 4. 活动属性 5. 项目进度网络图 6. 活动资源要求 7. 资源日历 8. 活动持续时间估算 9. 事业环境因素	1. 进度网络分析 2. 关键路径法 3. 进度压缩 4. 假设情景分析 5. 资源平衡 6. 关键链法 7. 项目管理软件 8. 利用时间提前量与滞后量 9. 进度模型	1. 项目进度计划 2. 进度模型数据 3. 进度基准 4. 项目文件（更新） 5. 请求的变更

图 3－27　编制项目进度计划

1. 编制进度计划的输入

编制进度计划所依赖的有关资料和数据：项目网络图、工作延续时间估计、资源需求、资源安排描述、日历、限值和约束等。

2. 编制进度计划的工具和技术

（1）进度网络分析

进度网络分析是创建项目进度模型的一种技术。它通过多种分析技术，如关键路径法、关键链法、假设情景分析和资源优化技术等，来计算项目活动未完成部分的最早和最晚开始日期，以及最早和最晚完成日期。某些网络路径可能含有路径汇聚或分支点，在进行进度压缩分析或其他分析时应该加以识别和利用。

（2）关键路径法

关键路径法是在进度模型中，估算项目最短工期，确定逻辑网络路径的进度灵活性大小的一种方法。这种进度网络分析技术在不考虑任何资源限制的情况下，沿进度网络路径顺推与逆推分析，计算出所有活动的最早开始、最早结束、最晚开始和最晚结束日期，如图3－28所示。在这个例子中，最长的路径包括活动A、C和D，因此，活动序列A—C—D就是关键路径。关键路径是项目中时间最长的活动顺序，决定着可能的项目最短工期。由此得到的最早和最晚的开始和结束日期并不一定就是项目进度计划，而只是把既定的参数（活动持续时间、逻辑关系、提前量、滞后量和其他已知的制约因素）输入进度模型后所得到的一种结果，表明活动可以在该时段内实施。关键路径法用来计算进度模型中的逻辑网络路径的进度灵活性大小。

在任一网络路径上，进度活动可以从最早开始日期推迟或拖延的时间，而不至于延误项目完工日期或违反进度制约因素，就是进度灵活性，被称为“总浮动时间”。在正常情况下，关键路径的总浮动时间为零。在进行PDM排序的过程中，取决于所用的制约因素，关键路径的总浮动时间可能是正值、零或负值。关键路径上的活动被称为关键路径活动。总浮动时间为正值，是由于逆推计算所使用的进度制约因素要晚于顺推计算所得出的最早结束日期；总浮动时间为负值，是由于持续时间和逻辑关系违反了对最晚日期的制约因素。进度网络图可能有多条次关键路径。许多软件包允许用户自行定义用于确定关键路径的参数。为了使网络路径的总浮动时间为零或正值，可能需要调整活动持续时间（通过增加资源或缩减范围）、逻辑关系（针对选择性依赖关系）、提前量和滞后量，或其他进度制约因素。一旦计算出路径的总浮动时间，也就能确定相应的自由浮动时间。自由浮动时间是指在不延误任何紧后活动最早开始日期或不违反进度制约因素的前提下，某进度活动可以推迟的时间量。例如，图3－28中，活动B的自由浮动时间是5天。

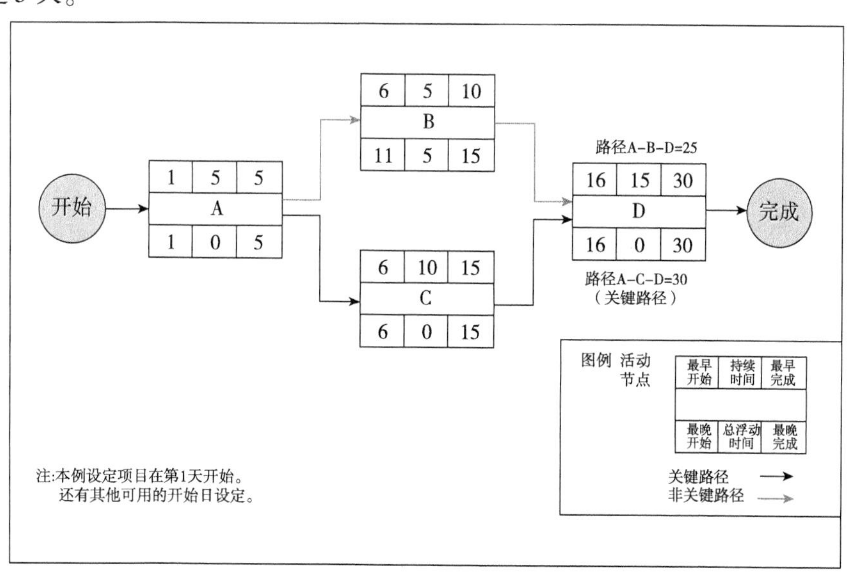

图3－28　关键路径法示例

(3) 关键链法

关键链法（CCM）是一种进度规划方法，允许项目团队在任何项目进度路径上设置缓冲，以应对资源限制和项目不确定性。这种方法建立在关键路径法之上，考虑了资源分配、资源优化、资源平衡和活动历时不确定性对关键路径（通过关键路径法来确定）的影响。关键链法引入了缓冲和缓冲管理的概念。在关键链法中，也需要考虑活动持续时间、逻辑关系和资源可用性，其中活动持续时间中不包含安全冗余。它用统计方法确定缓冲时段，作为各活动的集中安全冗余，放置在项目进度路径的特定节点，用来应对资源限制和项目不确定性。资源约束型关键路径就是关键链。

关键链法增加了作为“非工作进度活动”的持续时间缓冲，用来应对不确定性。如图3－29所示，放置在关键链端的缓冲称为项目缓冲，用来保证项目不因关键链的延误而延误。其他缓冲，即接驳缓冲，则放置在非关键链与关键链的接合点，用来保护关键链不受非关键链延误的影响。应该根据相应活动链的持续时间的不确定性，来决定每个缓冲时段的长短。一旦确定了“缓冲进度活动”，就可以按可能的最晚开始与最晚结束日期来安排计划活动。这样一来，关键链法不再管理网络路径的总浮动时间，而是重点管理剩余的缓冲持续时间与剩余的活动链持续时间之间的匹配关系。

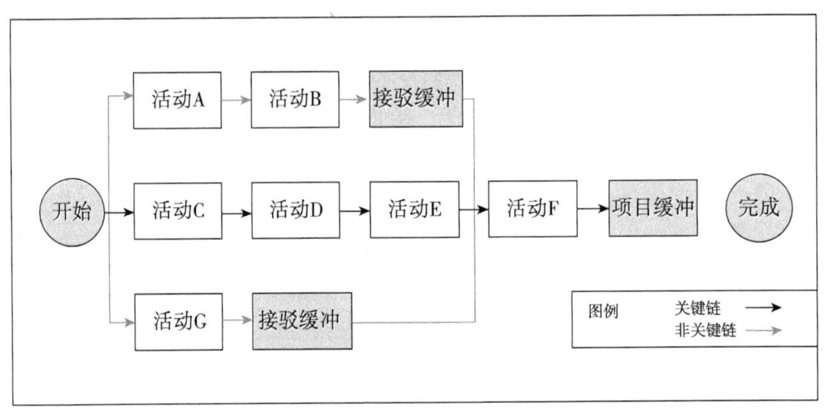

图3－29　关键链法示例

(4) 资源优化技术

资源优化技术是根据资源供需情况，来调整进度模型的技术，包括（但不限于）：

资源平衡。为了在资源需求与资源供给之间取得平衡，根据资源制约对开始日期和结束日期进行调整的一种技术。如果共享资源或关键资源只在特定时间可用，数量有限，或被过度分配，如一个资源在同一时段内被分配至两个或多个活动（见图3－29），就需要进行资源平衡。也可以为保持资源使用量处于均衡水平而进行资源平衡。资源平衡往往导致关键路径改变，通常是延长。

资源平滑。对进度模型中的活动进行调整，从而使项目资源需求不超过预定的资源限制的一种技术。相对于资源平衡而言，资源平滑不会改变项目关键路径，完工日期也不会延迟。也就是说，活动只在其自由和总浮动时间内延迟。因此，资源平滑技术可能无法实现所有资源的优化。

（5）建模技术

建模技术包括（但不限于）：

假设情景分析

假设情景分析是对各种情景进行评估，预测它们对项目目标的影响（积极或消极的）。假设情景分析就是对“如果情景 X 出现，情况会怎样？”这样的问题进行分析，即基于已有的进度计划，考虑各种各样的情景，例如，推迟某主要部件的交货日期，延长某设计工作的时间，或加入外部因素（如罢工或许可证申请流程变化等）。可以根据假设情景分析的结果，评估项目进度计划在不利条件下的可行性，以及为克服或减轻意外情况的影响而编制应急和应对计划。

模拟

模拟技术基于多种不同的活动假设（通常使用三点估算的概率分布）计算出多种可能的项目工期，以应对不确定性。最常用的模拟技术是蒙特卡罗分析，它首先确定每个活动的可能持续时间概率分布，然后据此计算出整个项目的可能工期概率分布。

（6）提前量和滞后量

提前量和滞后量是网络分析中使用的一种调整方法，通过调整紧后活动的开始时间来编制一份切实可行的进度计划。提前量用于在条件许可的情况下提早开始紧后活动；而滞后量是在某些限制条件下，在紧前和紧后活动之间增加一段不需工作或资源的自然时间。

（7）进度压缩

进度压缩技术是指在不缩减项目范围的前提下，缩短进度工期，以满足进度制约因素、强制日期或其他进度目标。进度压缩技术包括（但不限于）：

赶工。通过增加资源，以最小的成本增加来压缩进度工期的一种技术。赶工的例子包括：批准加班、增加额外资源或支付加急费用，来加快关键路径上的活动。赶工只适用于那些通过增加资源就能缩短持续时间的，且位于关键路径上的活动。赶工并非总是切实可行，它可能导致风险和/或成本的增加。

快速跟进。一种进度压缩技术，将正常情况下按顺序进行的活动或阶段改为至少是部分并行开展。例如，在大楼的建筑图纸尚未全部完成前就开始建地基。快速跟进可能造成返工和风险增加。它只适用于能够通过并行活动来缩短项目工期的情况。

（8）进度计划编制工具

自动化的进度计划编制工具包括进度模型，它用活动清单、网络图、资源需求和活动持续时间等作为输入，使用进度网络分析技术，自动生成开始和结束日期，从而可加快进度计划的编制过程。进度计划编制工具可与其他项目管理软件以及手工方法联合使用。

3.5.5 编制进度计划输出

展现项目进度计划的形式有：横道图（甘特图）、里程碑图、时间线汇总、网络图等。

1. 横道图（甘特图）

横道图也称甘特图，是展示进度信息的一种图表方式。在横道图中，进度活动列于纵轴，日期排于横轴，活动持续时间则表示为按开始和结束日期定位的水平条形。横道图相对易读，常用于向管理层汇报情况。为了便于控制，以及与管理层进行沟通，可在里程碑之间或横跨多个相关联的工作包，列出内容更广、更综合的概括性活动（有时也叫汇总活动）。在横道图报告中应该显示这些概括性活动。见图 3－30 中的“概括性进度计划”部分，它按 WBS 的结构罗列相关活动。

特点：由于简单、明了、直观，易于编制，成为小型项目管理中编制项目进度计划的主要工具。在大型项目中，常常作为高层管理者了解全局、基层安排进度中有用的工具。

缺点：不能表达工作间的关系和描述关键点。因此，对于复杂项目不太适用。

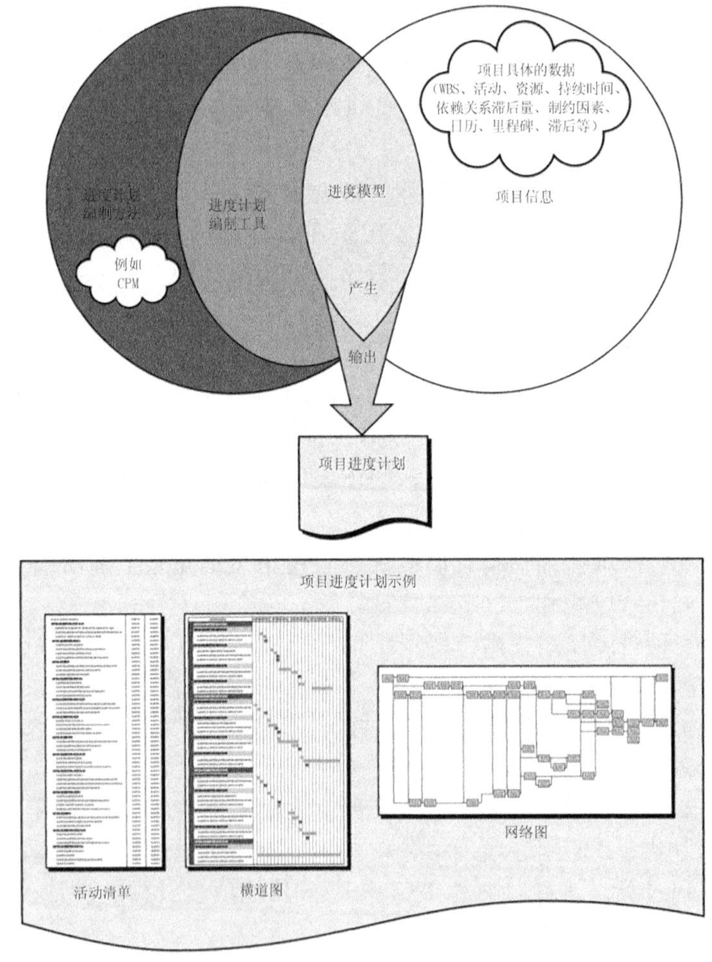

图 3－30　项目进度计划输出

2. 里程碑图

里程碑图是一种战略计划或项目框架性计划，以中间产品或可实现的结果为依据。显示了项目为达到最终目标必须经过的条件或状态序列，描述了项目在每个阶段应该达到的状态，而不是如何达到。

与横道图类似，但仅标示出主要可交付成果和关键外部接口的计划开始或完成日期。见图 3-31 的“里程碑进度计划”部分。

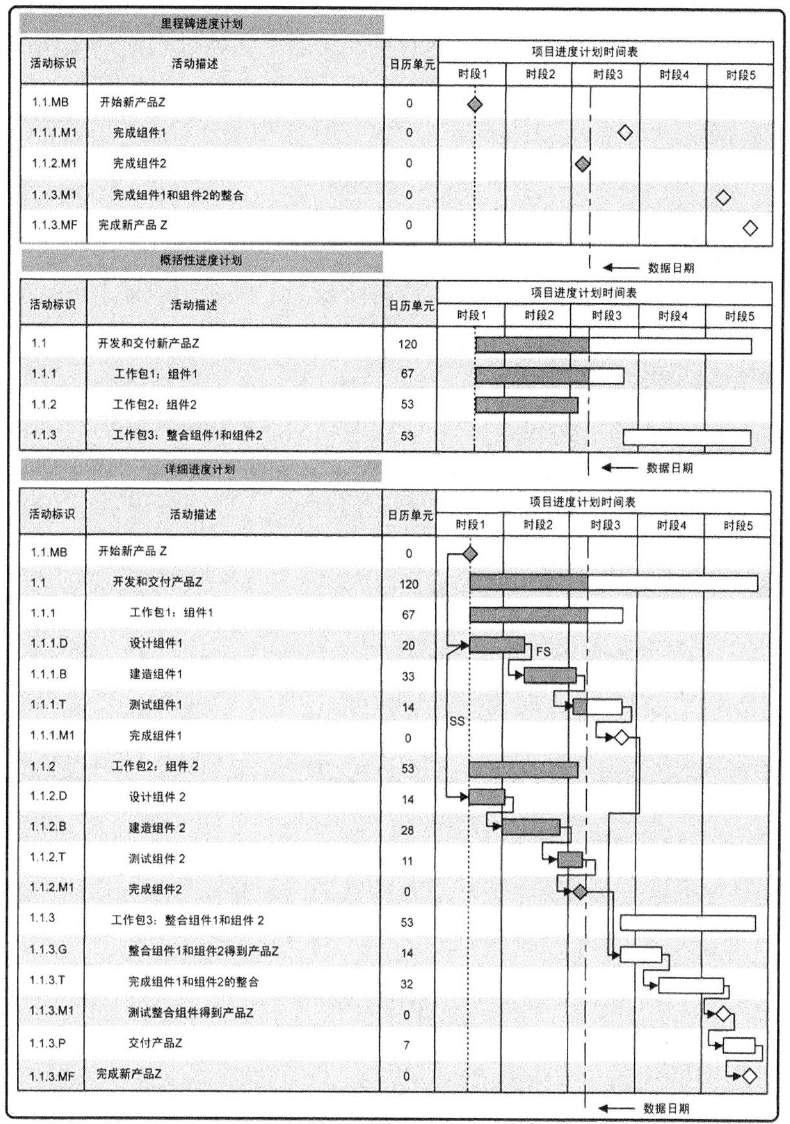

图 3-31 项目进度计划示例

3. 项目进度网络图

在显示活动排序的网络图中加上活动工期，再放到日历上去，就形成了以网络图表示的项目进度计划。进度计划至少需要有三个要素：活动排序、活动工期和日历时间，甚至还可以加上每项活动所需的人力资源。

这些图形通常用节点法绘制，没有时间刻度，纯粹显示活动及其相互关系，有时也称为“纯逻辑图”。

项目进度网络图也可以是包含时间刻度的进度网络图，有时称为“逻辑横道图”，如图 3－31 中的详细进度计划。这些图形中有活动日期，通常会同时展示项目网络逻辑和项目关键路径活动。此实例也显示了如何通过一系列相关活动来对每个工作包进行规划。项目进度网络图的另一种呈现形式是“时标逻辑图”，其中包含时间刻度和表示活动持续时间的横条，以及活动之间的逻辑关系。它用于优化展现活动之间的关系，许多活动都可以按顺序出现在图的同一行中。

4. 时间线汇总

时间线汇总是里程碑图和甘特图的综合利用。汇总关键路径、关键里程碑以及关键活动的相关持续时间。

5. 网络计划技术

用网络计划对任务的工作进度进行安排和控制，以保证实现预定目标的科学的计划管理技术。网络计划是在网络图上加注工作的时间参数等而编制形成的进度计划，包括两个部分：网络拓扑图、网络参数。

图 3－31 是一个正在执行的示例项目的进度计划，其实际工作已经进展到数据日期（记录项目状况的时间点，有时也叫截止日期或状态日期）。针对一个简单的项目，图3－31 给出了进度计划的三种形式：（1）里程碑进度计划，也叫里程碑图；（2）概括性进度计划，也叫横道图；（3）详细进度计划，也叫项目进度网络图。图 3－31 还直观地显示出这三种不同层次的进度计划之间的关系。

第六节　制订项目成本计划

在项目管理中，项目成本管理是一个重中之重的知识领域。项目成本管理主要是以最低成本去完成项目全部活动，同时强调必须努力实现项目价值的最大化，以及努力避免项目成本问题对于项目产出物质量和项目工期的影响。

项目成本管理主要包括资源计划、成本估算、成本预算、成本控制、成本决算五个过程，从而确保项目在批准的预算内完工。如图 3－32 所示。

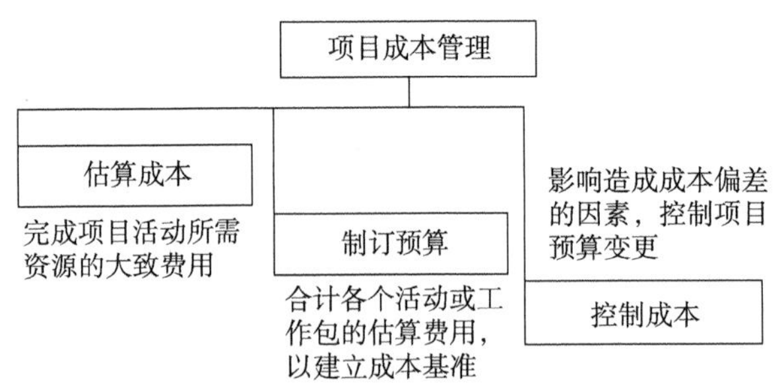

图 3－32　项目成本管理

资源计划：制订资源计划，为规划、管理、花费和控制项目成本而制定政策、程序和文档。

估算成本：编制一个为完成各项活动所需要的资源成本的近似估算。

制订成本预算：将成本估算分配到各单项工作上，汇总所有单个活动或工作包的估算成本，建立一个经批准的成本基准。

控制成本：控制项目成本预算的变更。

成本决算：项目从启动到项目结束为止的全部费用的确定。

在某些项目，特别是范围较小的项目中，成本估算和成本预算之间的联系非常紧密，以至于可视为一个过程，由一个人在较短时间内完成。

在项目的时间领域，我们在项目计划阶段，需要制订项目成本计划，则需要进行资源计划、成本估算和成本预算工作。

完成任何一项任务，都需要花费人力和物力，都需要花钱。上四年大学也要花费数目不小的费用。因此，在项目实施前就需要对项目的成本情况进行分析和估算，进而编制出完成项目所必需的成本的预算。成本预算，就是成本计划的最终表现形式，如同网络计划或横道图计划是进度计划的最终表现形式。做预算，是为了建立一个基线，以便在项目实施过程中跟踪项目的成本支出情况，确保项目在批准的预算内完成。

3.6.1　项目成本的类别

要编制良好的成本预算，就需要掌握相关的财务会计知识。详细讲述这些知识，不是本教程的内容，这里只介绍一些重要的概念。

固定成本：在一定范围内，不随生产量或工作量的变动而变动的成本，如办培训班的教室租赁费、时间费用、教师课时费。

可变成本：随生产量或工作量的变动而变动的成本，如培训班学员的教材费，多一个学员，就要多准备一套教材。

直接成本：不需要通过分摊，可以直接计入项目工作的成本，比如材料费、工人工资等。

间接成本：不能直接计入项目工作，而需要由几个项目进行分摊的成本，比如总部管理费。

机会成本：做一件事而必须放弃做另一件事，做另一件事可以带来的利益就是做这件事的机会成本。

例如，你逃课去网吧打游戏，你的成本就不仅是打游戏的成本，还要包括假如去上课所能学到的知识。把机会成本考虑进去你会发现逃课打游戏是非常不划算的。作决策，需要考虑机会成本。考虑或不考虑机会成本，你作出的决策可能差别很大。

沉没成本：任何已经花费的成本。在决定是否继续做某件事时，不应该考虑沉没成本。决策是针对未来的，过去已经花掉的钱不应该影响人们的决策。表 3－3 展示了各类成本的基本含义。

表 3－3　项目成本的类别

名称	含义	举例
直接成本	可以从项目上找到直接出处	技术人员工资
间接成本	多个项目分摊	水费、房租、管理费用
固定成本	不会随着产品生产数量而增加	计算机

续表

名称	含义	举例
可变成本	随着生产产品的数量增加而增加	原材料
可控成本	项目经理可以控制	直接、可变
不可控成本	项目经理不能直接控制	间接、固定、其他
生命周期成本	考虑整个产品生命周期成本	设计、生产、运维、处置

3.6.2 估算成本

估算成本是对完成项目活动所需资金进行近似估算的过程。本过程的主要作用是，确定完成项目工作所需的成本数额。图 3－33 描述此过程的输入、输出、工具与技术。

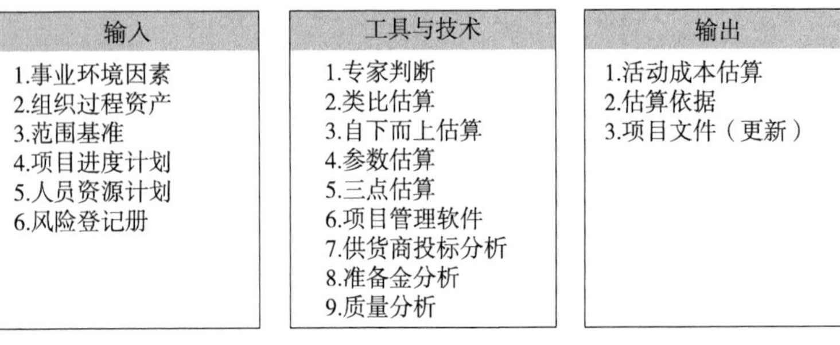

图 3－33　估算成本过程的输入、输出、工具与技术

成本估算是在某特定时点，根据已知信息所做出的成本预测。在估算成本时，需要识别和分析可用于启动与完成项目的备选成本方案；需要权衡备选成本方案并考虑风险，如比较自制成本与外购成本、购买成本与租赁成本及多种资源共享方案，以优化项目成本。

通常用某种货币单位（如美元、欧元、日元等）进行成本估算，但有时也可采用其他计量单位，如人时数或人天数，以消除通货膨胀的影响，便于成本比较。

在项目过程中，应该随着更详细信息的呈现和假设条件的验证，对成本估算进行审查和优化。在项目生命周期中，项目估算的准确性将随着项目的进展而逐步提高。例如，在启动阶段可得出项目的粗略量级估算（Rough Order of Magnitude，ROM），其区间为－25%到＋75%；之后，随着信息越来越详细，确定性估算的区间可缩小至－5%到＋10%。某些公司或组织已经制定出相应的指南，规定何时进行优化，以及每次优化所要达到的置信度或准确度。

本过程从其他知识领域的相关过程的输出中获取输入信息。一旦获取，所有信息都可作为全部成本管理过程的输入。进行成本估算，应该考虑将向项目收费的全部资源，包括（但不限于）人工、材料、设备、服务、设施，以及一些特殊的成本种类，如通货膨胀补贴、融资成本或应急成本。成本估算是对完成活动所需资源的可能成本的量化评估。成本估算可在活动层级呈现，也可以汇总形式呈现。

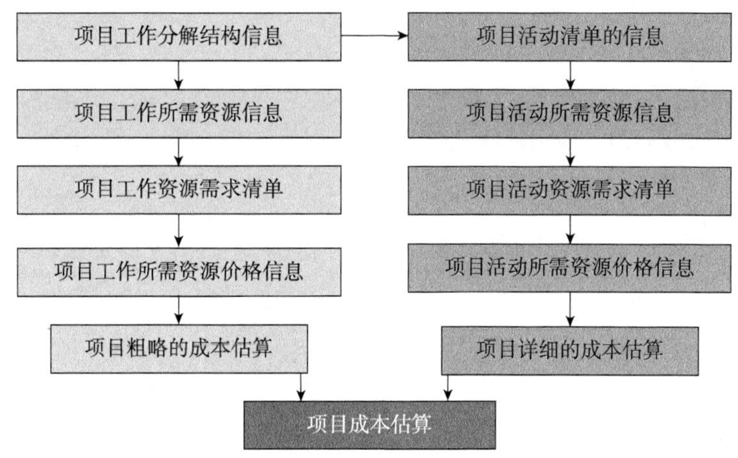

图 3－34　项目成本估算示意

1. 估算成本：输入

范围基准：

（1）范围说明书

范围说明书提供了产品描述、验收标准、主要可交付成果、项目边界及项目的假设条件和制约因素。在估算项目成本时必须设定的一项基本假设是，估算将仅限于直接成本，还是也包括间接成本。间接成本是无法直接追溯到某个具体项目的成本，因此只能按某种规定的会计程序进行累计并合理分摊到多个项目中。有限的项目预算是很多项目中最常见的制约因素。其他制约因素包括规定的交付日期、可用的熟练资源和组织政策等。

（2）工作分解结构

工作分解结构（WBS）指明了项目的全部组件之间及全部可交付成果之间的相互关系。

（3）WBS 词典

WBS 词典提供了可交付成果的详细信息，并描述了为产出可交付成果，WBS 各组件所需进行的工作。

范围基准中可能还包括与合同和法律有关的信息，如健康、安全、安保、绩效、环境、保险、知识产权、执照和许可证等。所有这些信息都应该在进行成本估算时加以考虑。

通过审查风险登记册，考虑应对风险所需的成本。风险既可以是威胁，也可以是机会，通常会对活动及整个项目的成本产生影响。一般而言，在项目遇到负面风险事件后，项目的近期成本将会增加，有时还会造成项目进度延误。同样，项目团队应该对可能给业务带来好处（如直接降低活动成本或加快项目进度）的潜在机会保持敏感。

估算成本还包括项目进度计划、事业环境因素和组织过程资产等。比如：

市场条件。可以从市场上获得什么产品、服务和成果，可以从谁那里、以什么条件获得。地区和/或全球性的供求情况会显著影响资源成本。

发布的商业信息。经常可以从商业数据库中获取资源成本费率及相关信息。这些数据库动态跟踪具有相应技能的人力资源的成本数据，也提供材料与设备的标准成本数据，还可以从卖方公布的价格清单中获取相关信息。

会影响估算成本过程的成本估算政策、成本估算模板、历史信息和经验教训。

2. 估算成本：工具与技术

（1）专家判断

基于历史信息，专家判断可以对项目环境及以往类似项目的信息提供有价值的见解。专家判断还可以对是否联合使用多种估算方法，以及如何协调方法之间的差异做出决定。

（2）类比估算

成本类比估算是指以过去类似项目的参数值（如范围、成本、预算和持续时间等）或规模指标（如尺寸、重量和复杂性等）为基础，来估算当前项目的同类参数或指标。在估算成本时，这项技术以过去类似项目的实际成本为依据，来估算当前项目的成本。这是一种粗略的估算方法，有时需要根据项目复杂性方面的已知差异进行调整。

在项目详细信息不足时，例如在项目的早期阶段，就经常使用这种技术来估算成本数值。该方法综合利用历史信息和专家判断。

相对于其他估算技术，类比估算通常成本较低、耗时较少，但准确性也较低。可以针对整个项目或项目中的某个部分，进行类比估算。类比估算可以与其他估算方法联合使用。如果以往项目是本质上而不只是表面上类似，并且从事估算的项目团队成员具备必要的专业知识，那么类比估算就最为可靠。

（3）参数估算

参数估算是指利用历史数据之间的统计关系和其他变量（如建筑施工中的平方英尺），来进行项目工作的成本估算。参数估算的准确性取决于参数模型的成熟度和基础数据的可靠性。

参数估算可以针对整个项目或项目中的某个部分，并可与其他估算方法联合使用。

（4）自下而上的估算法

自下而上估算是对工作组成部分进行估算的一种方法。首先对单个工作包或活动的成本进行最具体、细致的估算；然后把这些细节性成本向上汇总或“滚动”到更高层次，用于后续报告和跟踪。自下而上估算的准确性及其本身所需的成本，通常取决于单个活动或工作包的规模和复杂程度。

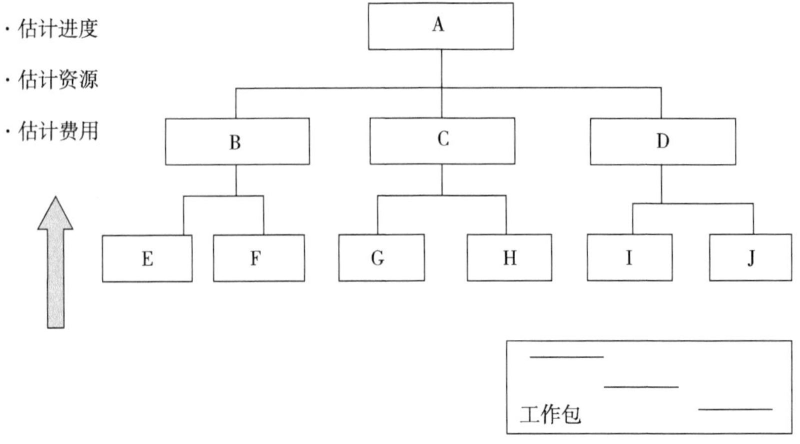

图 3－35　自下而上的估算法

(5) 自上而下的估计法

当然，还有另一种对工作组成部分进行估算的方法，是自上而下的估计法。

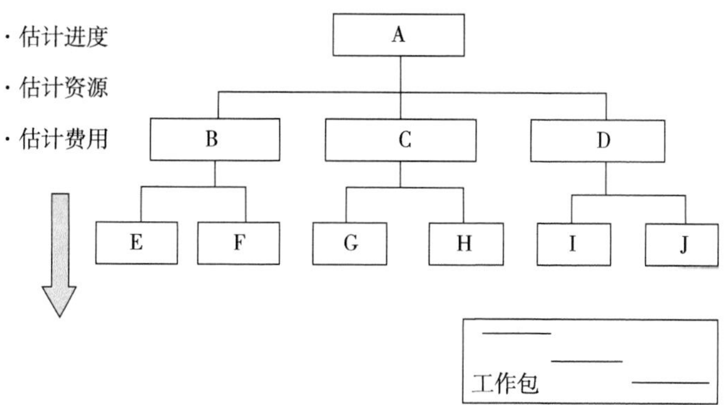

图 3－36　自上而下的估计法

两种方法对比：

表 3－4　两种方法对比

优缺点比较	自上而下法	自下而上法
优点	总体估算往往比较精确；估算分配能够顾及各项任务，避免了厚此薄彼的情况	估算出自基层人员之手，基层人员更为清楚具体活动所需的资源量，可以避免引起争执和不满
缺点	具有一定的主观性，常常由于组织上下级人员之间的沟通不善而造成失误	下层可能会夸大数字，强调局部利益，不能从全局出发

(6) 三点估算

通过考虑估算中的不确定性与风险，使用三种估算值来界定活动成本的近似区间，可以提高活动成本估算的准确性：

最可能成本（C_M）。对所需进行的工作和相关费用进行比较现实的估算，所得到的活动成本。

最乐观成本（C_O）。基于活动的最好情况，所得到的活动成本。

最悲观成本（C_P）。基于活动的最差情况，所得到的活动成本。

基于活动成本在三种估算值区间内的假定分布情况，使用公式来计算预期成本（C_E）。基于三角分布和贝塔分布的两个常用公式如下：

$$三角分布\ C_E = (C_O + C_M + C_P)/3$$

$$贝塔分布\ C_E = (C_O + 4C_M + C_P)/6$$

基于三点的假定分布计算出期望成本，并说明期望成本的不确定区间。

(7) 群体决策技术

基于团队的方法（如头脑风暴、德尔菲技术或名义小组技术）可以调动团队成员的参与度，以提高估算的准确度，并提高对估算结果的责任感。选择一组与技术工作密切相关的人员参与估算过程，可以获取额外的信息，得到更准确地估算。另外，让成员亲自参与估算，能够提高他们对实现估算的责任感。

（8）项目管理软件

项目管理应用软件、电子表单、模拟和统计工具等，可用来辅助成本估算。这些工具能简化某些成本估算技术的使用，使人们能快速考虑多种成本估算方案。

（9）卖方投标分析

在成本估算过程中，可能需要根据合格卖方的投标情况，分析项目成本。在用竞争性招标选择卖方的项目中，项目团队需要开展额外的成本估算工作，以便审查各项可交付成果的价格，并计算出组成项目最终总成本的各分项成本。

（10）储备分析

为应对成本的不确定性，成本估算中可以包括应急储备（有时称为“应急费用”）。应急储备是包括在成本基准内的一部分预算，用来应对已经接受的已识别风险，以及已经制定应急或减轻措施的已识别风险。应急储备通常是预算的一部分，用来应对那些会影响项目的“已知—未知”风险。例如，可以预知有些项目可交付成果需要返工，却不知道返工的工作量是多少。可以预留应急储备来应对这些本知数量的返工工作。可以为某个具体活动建立应急储备，也可以为整个项目建立应急储备，还可以同时建立。应急储备可取成本估算值的某一百分比、某个固定值，或者通过定量分析来确定。

随着项目信息越来越明确，可以动用、减少或取消应急储备。应该在成本文件中清楚地列出应急储备。应急储备是成本基准的一部分，也是项目整体资金需求的一部分。也可以估算项目所需的管理储备。管理储备是为了管理控制的目的而特别留出的项目预算，用来应对项目范围中不可预见的工作。管理储备用来应对会影响项目的“未知—已知”风险。管理储备不包括在成本基准中，但属于项目总预算和资金需求的一部分。当动用管理储备资助不可预见的工作时，就要把动用的管理储备增加到成本基准中，从而导致成本基准变更。

3. 估算成本：输出

成本估算的输出：描述完成项目所需的各种资源的费用，包括劳动力、原材料、库存等。

（1）活动成本估算

活动成本估算是对完成项目工作可能需要的成本的量化估算。成本估算可以是汇总的或详细分列的。成本估算应该覆盖活动所使用的全部资源，包括（但不限于）直接人工、材料、设备、服务、设施、信息技术，以及一些特殊的成本种类，如融资成本（包括利息）、通货膨胀补贴、汇率或成本应急储备。如果间接成本也包括在项目估算中，则可在活动层次或更高层次上计列间接成本。

（2）估算依据

成本估算所需的支持信息的数量和种类，因应用领域而异。不论其详细程度如何，支持性文件都应该清晰、完整地说明成本估算是如何得出的。

活动成本估算的支持信息可包括：

关于估算依据的文件（如估算是如何编制的）；

关于全部假设条件的文件；

关于各种已知制约因素的文件；

对估算区间的说明（如“10000 元人民币 ±10%”就说明了预期成本的所在区间）；

对最终估算的置信水平的说明。

（3）项目文件更新

可能需要更新的项目文件包括（但不限于）风险登记册。

3.6.3　编制项目成本预算计划

制定预算是汇总所有单个活动或工作包的估算成本，建立一个经批准的成本基准的过程。

制定预算过程的主要作用是，确定成本基准，可据此监督和控制项目绩效。图 3－37 描述制定预算过程中的输入、工具与技术和输出。

输入	工具与技术	输出
1.范围基准 2.活动成本估算 3.估算依据 4.项目进度计划 5.资源日历 6.合同 7.组织过程资产	1.成本汇总 2.储备分析 3.专家判断 4.历史关系 5.资金限制平衡	1.成本绩效基准 2.项目资金需求 3.项目文件（更新）

图 3－37　制定预算过程中的输入、工具与技术和输出

项目预算包括经批准用于项目的全部资金。成本基准是经过批准且按时间段分配的项目预算，但不包括管理储备。

1. 制定成本预算：输入

（1）成本管理计划，论述将如何管理和控制项目成本；

（2）范围基准：项目范围说明书、工作分解结构、WBS 词典；

（3）活动成本估算：各工作包内每个活动的成本估算汇总后，即得到各工作包的成本估算；

（4）估算依据：包括基本的假设条件；

（5）项目进度计划：包括项目活动、里程碑、工作包和控制账户的计划开始和完成日期，可根据这些信息，把计划成本和实际成本汇总到相应的日历时段中；

（6）资源日历，从资源日历中了解项目资源的种类和使用时间；

（7）风险登记册；

（8）协议；

（9）组织过程资产：现有的、正式和非正式的、与成本预算有关的政策、程序和指南；成本预算工具；报告方法等。

2. 制定成本预算：工具和技术

（1）成本汇总，成本估算汇总—WBS 中的工作包—WBS 更高层次（如控制账户）—项目的总成本。

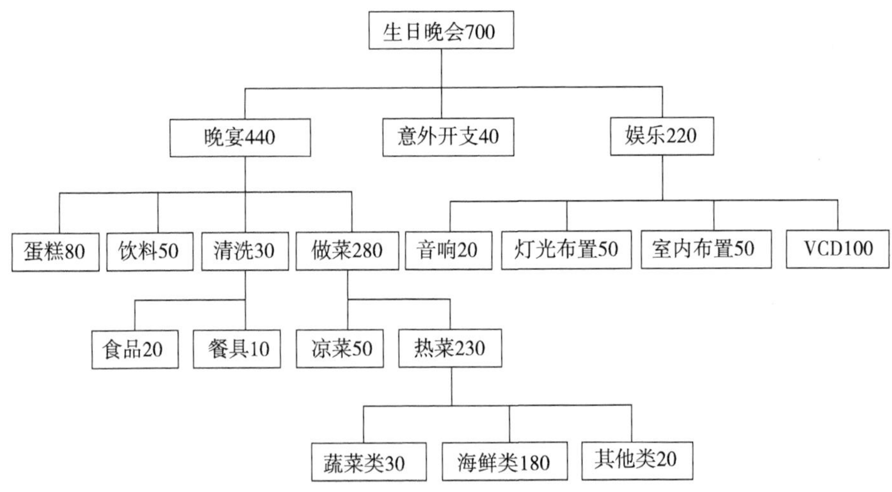

图 3－38　成本汇总法汇总项目总成本示例

（2）储备分析，通过预算储备分析，可以计算出项目的应急储备与管理储备。

（3）专家判断，基于应用领域、知识领域、学科、行业或相似项目的经验，专家判断可对制定预算提供帮助。专家判断可来自受过专门教育或具有专门知识、技能、经验或培训经历的任何小组或个人。

活动	负责人	7.1	8.1	9.1	10.1	11.1	12.1	12.30
识别目标消费者	张三		30					
设计初始问卷调查表	王五							
试验性问卷调查	赵四							
确立最终调查表	李其							
打印问卷调查表	魏军							
准备邮寄标签	沙建							
邮寄问卷并获得反馈	刘强							
数据整理	章聚							
数据汇总	郭和							
数据分析	单雅							
输入反馈数据	张新							
分析结果	冯金							
准备报告	郭建							
项目预算(百元)		0	12	24	36	58	110	212　314

图 3－39　带预算的消费者市场研究项目甘特图示例

（4）资金限制平衡，如果发现资金限制与计划支出之间的差异，则可能需要调整工作的进度计划，以平衡资金支出水平，这可以通过在项目进度计划中添加强制日期来实现。

（5）历史关系，有关变量之间可能存在一些可据此进行参数估算或类比估算的历史关系。

可以基于这些历史关系，利用项目特征（参数）来建立数学模型，预测项目总成本。

3. 制定成本预算：输出

（1）项目文件更新，包括风险登记册、活动成本估算、项目进度计划。

（2）成本基准，成本基准是经过批准的、按时间段分配的项目预算。不包括任何管理储备，只有通过正式的变更控制程序才能变更。它用作与实际结果进行比较的依据。成本基准是不同进度活动经批准的预算的总和。

由于成本基准中的成本估算与进度活动直接关联，因此可按时间段分配成本基准，得到一条 S 形曲线（向上）。

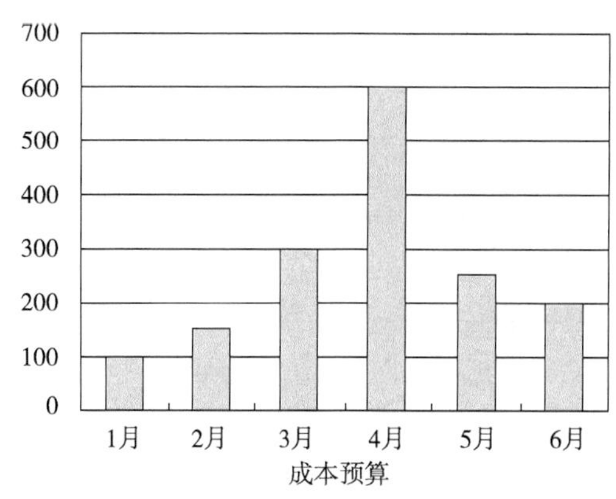

图 3－40　成本基准示例

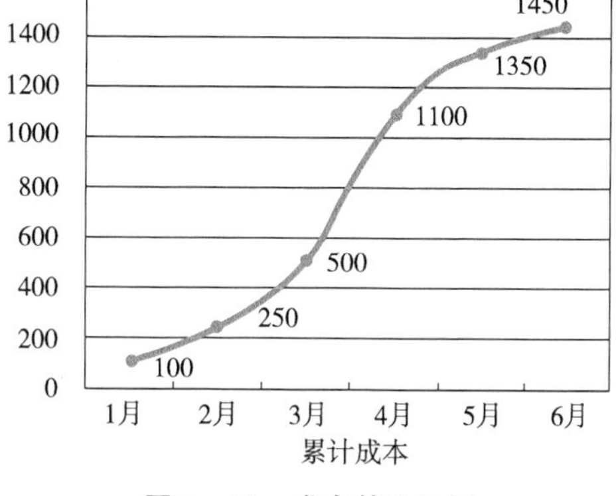

图 3－41　成本基准示例

对于承发包的业务项目预算，使用企业财务预算的科目作为项目成本预算的科目，使用项目成本估算的信息作为基本信息，按照项目预算成本科目汇总项目估算信息和项目不可预见费以后，编制出项目成本预算书。

表 3－5　成本预算的构成

ID	组成部分	说明
8	成本预算	＝Σ（3）＋5＋7
7	管理储备	
6	成本基线	＝Σ（3）＋5
5	应急储备	
4	项目总成本	＝Σ（3）
3	控制账户	＝Σ（2）
2	工作包	＝Σ（1）
1	活动	

在导入案例“档案管理软件产品开发项目章程”中，假设参与项目的每位工作人员每天工作 8 个小时，项目经理陈明在编制项目预算过程中得出表 3－6，表中给出了项目各项工作任务需要的工时、工期、人力资源种类、人力资源费率、除人力资源外的其他投入。

表 3－6 《档案管理软件产品开发项目成本预算》

序号	任务名称	工时	工期	资源名称	资源费率（元/小时·人）	人力资源数目（人）	其他投入（元）	成本预算（元）
A	方案设计	400	10	设计人员	40	5	1400	17400
B	用户需求调研	160	10	调研人员	30	2	2000	6800
C	功能框架设计	640	20	设计人员	40	4	1000	26600
D	用户输入功能代码编制	640	40	编程人员	50	2	1000	33000
E	用户查询功能代码编制	1600	50	编程人员	50	4		80000
F	用户数据功能代码编制	1600	80	编程人员	50	3	10000	90000
G	主界面代码编制	1120	40	编程人员	50	4	1000	57000
H	安全登录界面代码编制	240	20	编程人员	50	2		12000
I	界面美化代码编制	160	10	编程人员	50	2		8000
J	Beta 测试	640	20	测试人员	30	4		19200
合计							16400	350000

第七节　制订项目质量计划

项目质量是项目的主要目标之一。质量好坏会直接影响各项目干系人对项目可交付成果的评价，并决定他们是否接受项目成果以及愿意为项目经理提供后续的项目机会。

项目质量管理就是为了满足项目干系人的需要而进行的，旨在确保项目管理过程和可交付成果满足有关质量标准。项目质量管理包括质量计划编制、质量保证和质量控制等方面的工作。

项目质量，通常指项目的工作质量，广义的还包括项目产品的质量。项目产品质量是指产品的使用价值及其属性；而工作质量则是项目产品质量的保证，它反映了与项目产品质量直接有关的工作对项目产品质量的保证程度。从项目作为一次性的活动来看，项目质量体现在由工作分解结构反映出的项目范围内所有的阶段、子项目、项目工作单元的质量所构成。

在与 ISO 保持兼容性的前提下，现代质量管理方法力求缩小差异，交付满足既定要求的成果。现代质量管理方法承认以下几个方面的重要性。

3.7.1　编制项目质量计划

质量计划，包括确定哪种质量标准适合该项目并决定如何达到这些标准。在项目计划中，它是程序推进的主要推动力之一，应当有规律地执行并与其他项目计划程序并行。例如，对管理质量的要求可能是成本或进度计划的调节，对生产质量的要求则可能是对确定问题的详尽的风险分析。比 ISO9000 国际质量体系的发展更进一步的是，这里作为质量计划所描述的工作是作为质量保证的一部分而进行广泛讨论的。

这里所讨论的质量计划技巧是在项目中最常用的那一部分。还有许多其他的质量计划技巧可能在一些特定的项目或者一些应用领域中有用。

项目经理还应注意现代质量管理中的一项基本原则——质量在计划中确定，而非在检验中确定。

表 3－7　编制质量计划

输入	工具和技术	输出
质量政策 范围阐述 产品说明 标准和规则 其他程序的输出	效益成本分析 基本水平标准 流程图 试验设计	质量管理计划 操作性定义 审验单 其他程序的输入

1. 质量计划的输入

（1） 质量策略

质量策略是“一个注重质量的组织的所有努力和决策，通常称为顶级管理”。执行组织的质量策略经常能为项目所采用。然而，如果执行组织忽略了正式的质量策略，或者如果项目包含了多重的执行组织（合资企业），项目管理小组就需要专为这个项目而开发一次质量策略。

不管质量策略的因由是什么，项目管理小组有责任确保项目相关人员充分意识到它（例如，通过适当的信息发布）。

（2） 范围阐述

范围阐述是对质量计划的主要输入，因为它是揭示主要的子项目和项目目标的书面文件，后者界定了重要的项目相关人员的需求。

（3） 产品说明

虽然产品说明的因素可以在范围阐述中加以具体化，但产品说明通常仍需阐明技术要点的细节和其他可能影响质量计划的因素。

（4） 标准和规则

项目管理小组必须考虑任何适用于特定领域的专门标准和规则。

（5） 其他程序的输出

除了范围阐述和产品说明，在其他知识领域中的程序也可能产生一定的结果，应当作为质量计划的一部分加以考虑。例如采购计划，可以确定应当在所有质量管理计划中反映的承包商的质量要求。

2. 编制质量计划：工具和技术

（1）效益/成本分析

质量计划程序必须考虑效益/成本平衡。达到质量标准，首先就是减少了返工，这就意味着高效率、低成本，以及提高项目相关人员的满意度。达到质量标准的首要成本是与项目质量管理活动有关的费用。毫无疑问，质量管理的原理表明，效益比成本更重要。

（2）基本水平标准

基本水平标准包括将实际的或计划中的项目实施情况与其他项目的实施情况相比较，从而得出提高水平的思路，并提供检测项目绩效的标准。其他项目可能在执行组织的工作范围之内，也可能在执行组织的工作范围之外；可能属于同一应用领域，也可能属于其他领域。

（3）流程图

流程图是显示系统中各要素之间的相互关系的图表。在质量管理中常用的流程图如图3－42所示。

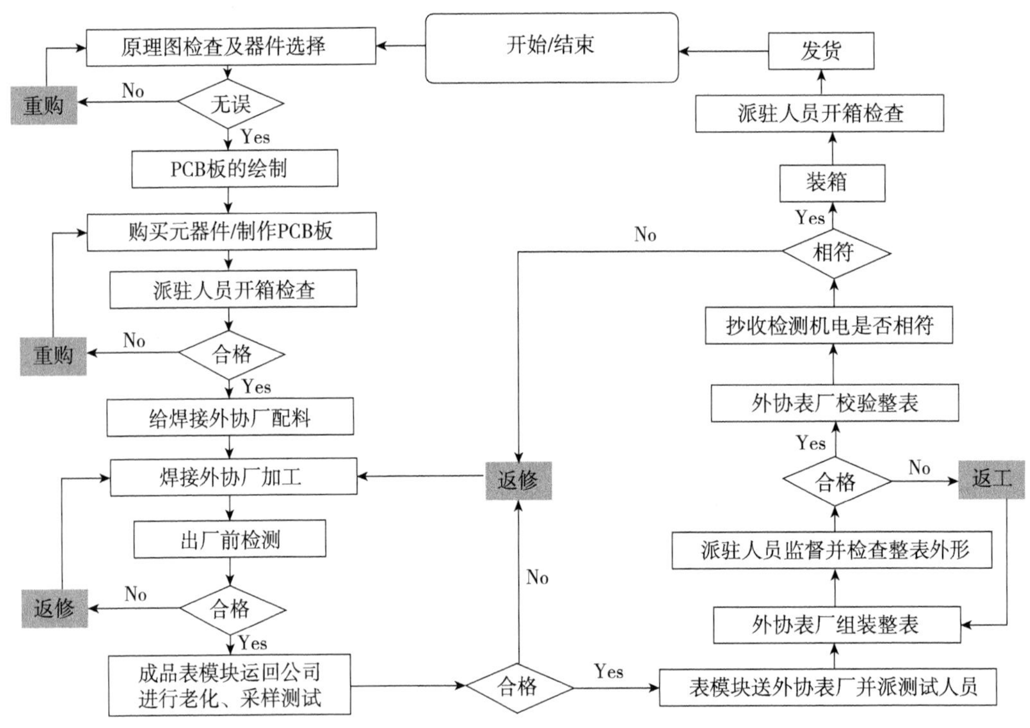

图3－42　电力载波通讯集成电路板生产管理流程图

（4）因果图

因果图又称Ishikawa图，用于说明各种直接原因和间接原因与所产生的潜在问题和影响之间的关系。

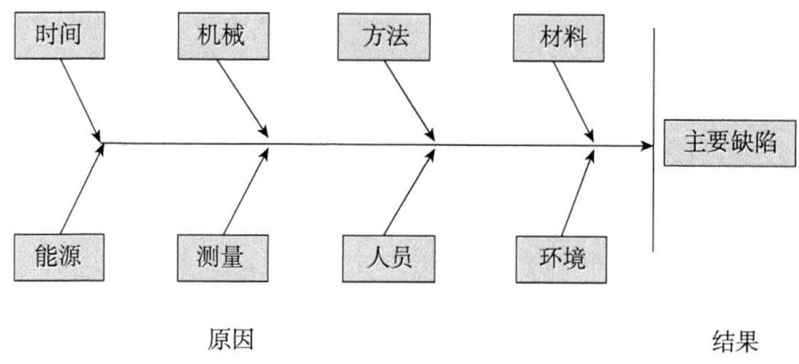

图 3-43　因果分析图示例

系统或程序流程图，用于显示一个系统中各组成要素之间的相互关系。

流程图能够帮助项目经理预测可能发生哪些质量问题，在哪个环节发生，因而有助于使解决问题手段更为高明。

（5）试验设计

试验设计是一种分析技巧，它有助于鉴定哪些变量对整个项目的成果产生最大的影响。这种技巧最常应用于项目生产的产品（例如，汽车设计者可能希望决定哪种刹车与轮胎的组合能具有最令人满意的运行特性，而成本又比较合理）。

但是，它也可应用于项目管理成果，如成本和进度的平衡。例如，高级发动机比低级发动机成本高，但它能用较短的时间完成所分配的工作。一项设计适当的“试验”（在此例中，就是计算项目中各种高级、低级发动机组合装置的成本和使用寿命），常常可以使人从数量有限的几种相关的情况中得出解决问题的正确决策。

3. 质量计划：输出

（1）质量管理计划

质量管理计划应说明项目管理小组如何具体执行它的质量策略。在 ISO9000 的术语中，对质量体系的描述是：“组织结构、责任、工序、工作过程及具体执行质量管理所需的资源”。

质量管理计划为整个项目计划提供了输入资源，并必须兼顾项目的质量控制、质量保证和质量提高。

质量管理计划可以是正式的或非正式的，高度细节化的或框架概括性的，皆以项目的需要而定。

（2）操作性定义

操作性定义是用非常专业化的术语描述各项操作规程的含义，以及如何通过质量控制程序对它们进行检测。例如，仅仅把满足计划进度时间作为管理质量的检测标准是不够的，项目管理小组还应指出是否每项工作都应准时开始，抑或只要准时结束即可；是否要检测个人的工作，抑或仅仅对特定的子项目进行检测。如果确定了这些标准，那么哪些工作或工作报告需要检测。在一些应用领域，操作性定义又称为公制标准。

（3）审验单

审验单是一种组织管理手段，通常是工业或专门活动中的管理手段，用于证明需要执行的一系列步骤是否已经得到贯彻实施。审验单可以很简单，也可以很复杂。常用的语句有命令式或询问式（你完成这项工作了吗?）。许多组织提供标准化审验单，以确保对常规工作的要求保持前后一致。在某些应用领域中，审验单还会由专业协会或商业服务机构提供。

（4）对其他程序的输入

质量计划程序可以在其他领域提出更长远的工作要求。

有以下四种项目质量计划的制订方法：

（1）成本收益分析法

成本收益分析法也叫经济质量法，这种方法要求在制订项目质量计划时必须同时考虑项目质量的经济性。

任何项目的质量管理都需要开展两个方面的工作，其一是质量保障工作，其二是质量检验与恢复工作。前者产生项目质量保障成本，后者产生项目质量检验和纠偏成本。项目质量计划的成本/收益法就是合理安排这两种项目质量成本，以使项目质量总成本相对最低。

（2）质量标杆法

这是指利用其他项目实际或计划的项目质量管理结果或计划，作为新项目的质量比照目标，通过对照比较制订出新项目质量计划的方法。

（3）流程图法

流程图法是用于表达一个项目的工作过程和项目不同部分之间相互联系，通常它也被用于分析和确定项目实施的过程，同时它也是一种项目质量计划的有效方法。

（4）实验设计法

运用实验设计信息是一种计划安排的分析技术，它有助于识别在多种变量中，何种变量对项目成果的影响最大，从而找出项目质量的关键因素以指导项目质量计划的编制。

3.7.2 全面质量管理（TQM）

全面质量管理，即TQM（Total Quality Management）是指一个组织以质量为中心，以全员参与为基础，目的在于通过顾客满意和本组织所有成员及社会受益而达到长期成功的管理途径。在全面质量管理中，质量这个概念和全部管理目标的实现有关。

全面质量管理对企业和项目的质量管理都有深刻影响。全面质量管理起源于美国，但在日本的企业得到了最好的实践，如日本丰田汽车公司。全面质量管理方法已广泛应用到各行各业，对于项目质量管理有相当重要的指导意义。

全面质量管理的基本思想就是全员参与质量管理。每个组织都有自己的愿景、使命和目标，每个员工都应该遵守。质量管理不仅仅是一个人或一个部门的事，而是涉及每一个部门和每一位员工。组织是一个系统，每一个部门以及每一位员工，他们之间都是互相依赖、相互联系的。只有依靠每一位员工的努力，才能真正做好质量管理工作。

全面质量管理以人为导向，以客户为中心，强调细小的、不断的持续改进和一次把事情做对，强调用系统的方法规划质量管理和预防错误。全面质量管理，与其说是一种技术，不如说是一系列的理念。它有许多好的理念，对人们的行为起到指导作用。

质量是计划出来的，持续不断地改进，是用系统的方法预防员工犯错误，而不是简单地要求他们不犯错误。

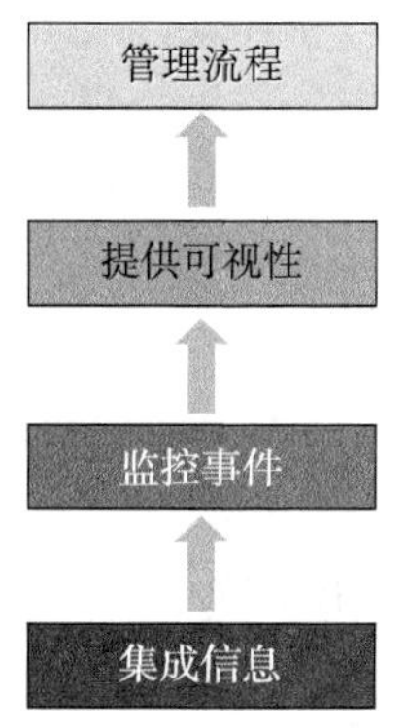

图 3－44　全面质量管理

TQM 的意义：

* 提高产品质量
* 改善产品设计
* 加速生产流程
* 鼓舞员工的士气和增强质量意识
* 改进产品售后服务
* 提高市场的接受程度
* 降低经营质量成本
* 减少经营亏损
* 降低现场维修成本
* 减少责任事故

内涵是以质量管理为中心，以全员参与为基础，目的在于通过让顾客满意和本组织所有者、员工、供方、合作伙伴或社会等相关方受益而使组织达到长期成功的一种管理途径。

全面质量管理的基本原理与其他概念的根本差别在于，它强调为了取得真正的经济效益，管理必须始于识别顾客的质量要求，终于顾客对他手中的产品感到满意。全面质量管理就是为了实现这一目标而指导人、机器、信息的协调活动。

项目质量管理计划包含一些程序，它要求保证该项目能够兑现它的关于满足各种需求的承诺。它包括在质量体系中，是与决定质量工作的策略、目标和责任的全部管理功能有关的各种活动，并通过诸如质量计划、质量保证和质量提高等手段来完成这些活动。质量计划——确定哪些质量标准适用于该项目，并决定如何达标质量保证——在常规基础上对整个项目执行情况作出评估，以提供信用，保证该项目将能够达到有关质量标准。

质量控制——监控特定项目的执行结果，以确定它们是否符合有关的质量标准，并确定适当方式消除导致项目绩效令人不满意的原因。

这些工作程序互有影响，并且与其他知识领域中的程序之间也存在相互影响。依据项目的需要，每道程序都可能包含一个或更多的个人或团队的努力。在每个项目阶段中，每道程序通常都会至少经历一次。

虽然在这里列出的程序如同划分明确的独立要素，但实践中它们可能会以某些没有在此详述的方式部分重合或相互影响。工作程序的相互作用在第三章《项目管理程序》中有详述。

这一部分论述的质量管理的基本方案，旨在与国际质量标准化组织在 ISO9000 和 ISO10000 质量体系标准与指南中提出的方案相一致。同时，这种普遍性的方案应该与以下两者相适应：（a）专门性的质量管理方案，如戴明（Deming）、宋兰（Juran）、格罗斯比（Goosby）及其他人推荐的方案；（b）非专门性的方案，如整体质量管理（TQM），可持续发展等。

项目质量管理必须兼顾项目管理和项目生产。在任何一方面未满足质量要求，都可能导致对部分或全部的项目相关人员产生严重的负面效果。例如：

通过项目经理的超量工作来满足客户的要求，可能产生以不断上升的雇员跳槽率为形式的负面效果。

通过加速完成列入计划的质量检验工作来满足项目进度计划目标，则当错误因未被发现而放过时，就可能产生负面效果。

质量是“一个实体的性能总和，它可以凭借自己的能力去满足对它的明示或暗示的需求”。在项目管理中，质量管理的既定方向就是通过项目范围界定管理体制，必须将暗示的需求变为明示需求的必要性。

项目经理必须注意，不要把质量与等级相混淆。等级是“一种具有相同使用功能，不同质量要求的实体的类别或级别”。质量低通常是个问题，级别低就可能不是。例如，一个软件产品可能是高质量（没有明显问题，具备可读性较强的用户手册），低等级（数量有限的功能特点），或者是低质量（问题多，用户文件组织混乱），高等级（无数的功能特点）。决定和传达质量与等级的要求层次是项目经理和项目管理小组的责任。

项目计划中除了以上介绍的项目的计划组成：确定项目验收标准、制定项目范围说明书、制定项目工作分解结构 WBS、制订项目成本计划以及制订项目质量计划；项目除了这些工作之外，还需较为重要的补充计划，如沟通计划、风险管理计划等。

留作下一阶段介绍。

综合练习

一、选择题

1. 某一简单项目由三个活动 A、B、C 组成，其项目网络结构图如下。活动 A、B、C 在正常情况下的工作时间分别为 20 天、18 天、24 天，在最有利的情况下工作时间分别是 15 天、16 天、20 天，在最不利的情况下其工作时间分别为 28 天、30 天、36 天，那么该项目各活动和整个项目的最可能完成时间是多少？(　　)

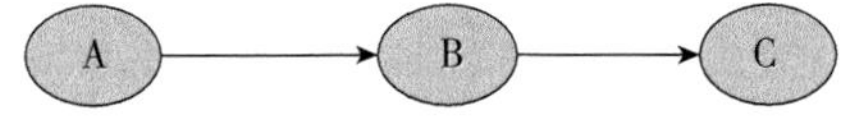

2. 介于成本基准和成本预算之间的费用被称为（ ）。

A. 管理储备　　B. 应急储备

C. 项目成本估算　　D. 成本账户

3. 成本应急储备是（ ）。

A. 不报告管理层，防止不被批准

B. 追加到每一项任务中，以免客户知道储备成本的存在

C. 管理层持有，为了防止超支

D. 追加到项目成本基线中，为了应对风险

4. 下列哪项因素对客户满意影响最大？（ ）

A. 有吸引力的项目价格，低运营成本的产品

B. 友好的项目经理和有效的项目后服务

C. 项目效率，项目经理的能力

D. 与项目需求一致，成果适用

5. 项目需求必须在哪个过程确定？（ ）

A. 项目审核　　B. 范围控制　　C. 创建 WBS　　D. 收集需求

6. 下列哪项最好地描述了头脑风暴法的特点？（ ）

A. 在会议上，团队成员的主意会根据优势、劣势、机会、威胁来组织

B. 在没有讨论和批判的情况下想法和念头得到收集，这些想法只有在会议结束后才过滤和组织

C. 团队成员戴不同色彩的帽子，每个代表一种思考方式，他们从自己的观点来讨论某个主题

D. 项目经理会议期间要根除偏离的主题和概念，这样整个团队都将遵循项目经理的原则

7. 你和你的团队使用了主题专家进行了判断，用来识别和分析项目风险。只有很少数量的专家可以使用，可是他们已经长期在“教师—学生”或“管理—助理”的关系中。下列哪个技术可以最好地确保在专家评估中不会出现独裁的观点？（ ）

A. 同级评审　　B. SWOT（态势）分析

C. 德尔菲技术　　D. 预期值计算

8. 你在为大型医院开发一个软件。在理解项目需求后，你感觉他们必须为这个工作选择不同的技术。理想状态下这个事情应该在哪个过程被考虑？（ ）

A. 创建 WBS　　B. 活动定义

C. 开发项目管理计划　　D. 定义范围

9. 活动定义包括识别并记载具体的活动，这些活动用来执行产出 WBS 中识别的成果或子成果。下列关于活动定义的输出活动列表说法错误的是（ ）。

A. 活动列表必须包括项目要执行的所有活动

B. 活动列表可能包括这些活动不是项目被要求的部分

C. 活动列表包括每个活动的描述确保项目团队成员理解需要做什么工作

D. 活动列表用于进度模型是项目管理计划的组成部分

10. 下列哪项不是活动属性有特色的内容？（　　）

A. 执行进度活动的负责人

B. 进度活动的标识符，代码和描述

C. 进度活动的前置活动和后续活动

D. 分配到进度活动的成本基准

11. 下列关于质量和等级的说法哪项是正确的？（　　）

A. 低质量可能被接受，可低等级永远是个问题

B. 低质量和低等级永远是个问题

C. 低等级可能被接受，可低质量永远是个问题

D. 质量和等级是相同的

12. 谁对项目的质量管理负责？（　　）

A. 项目外包单位　B. 质量控制部门　C. 项目经理　D. 团队成员

二、简答题

1. 简要论述制定项目工作分解结构的主要步骤。

2. 简要说明项目工作分解结构在项目管理领域的重要作用。

3. 简要论述项目活动的各种依赖关系及其特点。

4. 简要说明甘特图的优缺点。

三、讨论：下列两个项目适合采用什么方法进行总费用的估计？

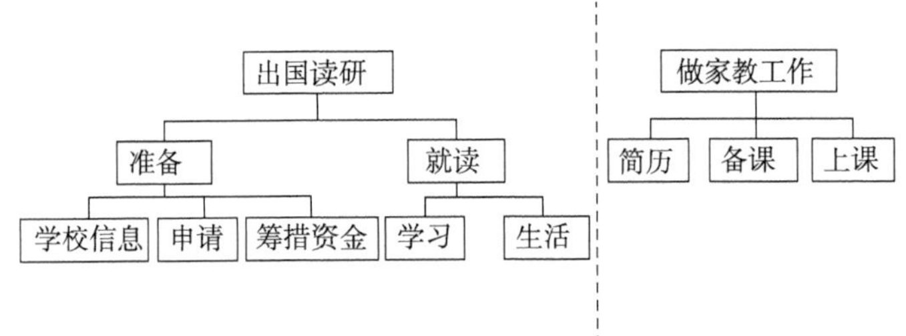

第四章　项目实施与控制

导入案例

在《档案管理软件产品开发项目》的实施过程中，2018 年 10 月 15 日，东华软件开发公司对项目实施进行检查，发现一些工作任务已经完成，一些工作任务正在实施，另外一些工作任务还没有开工。在 10 月 15 日这个时间点上，项目各项工作任务的实际成本在表 4－1 中给出；项目各项工作任务的进度实际状态在表 4－2 中给出，表 4－2 中的百分数表示工作任务的完成情况。

表 4－1　2018 年 10 月 15 日项目各项工作任务实际成本表

序号	任务名称	实际成本（元）
A	方案设计	18000
B	用户需求调研	11000
C	功能框架设计	21000
D	用户输入功能代码编制	15000
E	用户查询功能代码编制	0
F	用户数据功能代码编制	40000
G	主界面代码编制	30000
H	安全登录界面代码编制	12000
I	界面美化代码编制	0
J	Beta 测试	0
合计		147000

表 4－2　项目进度任务表

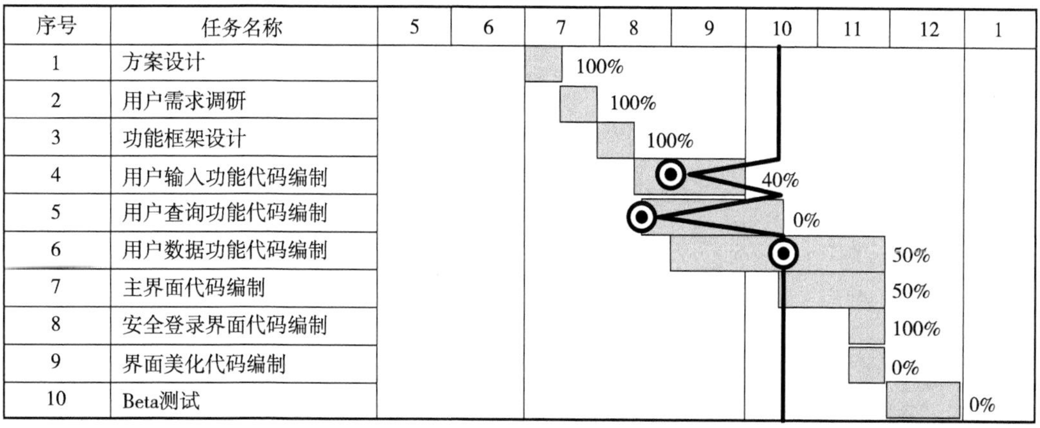

序号	任务名称	5	6	7	8	9	10	11	12	1
1	方案设计			100%						
2	用户需求调研				100%					
3	功能框架设计				100%					
4	用户输入功能代码编制						40%			
5	用户查询功能代码编制						0%			
6	用户数据功能代码编制								50%	
7	主界面代码编制								50%	
8	安全登录界面代码编制								100%	
9	界面美化代码编制								0%	
10	Beta测试									0%

思考与讨论

1. 在该项目实施过程中，是否有可能出现和计划不同的地方？为什么？
2. 项目经理陈明如何及时发现项目与计划出现偏离？
3. 当项目实际实施过程中确实与计划产生不同时，应该怎么做？
4. 该项目实施过程中出现任何冲突问题，应当如何解决？

本章内容提要

在项目的实施过程中，作为项目甲方应该如何确保乙方开发的产品符合自己的预期？乙方如何保障产品能够顺利按时在预算内保质保量地通过甲方的验收，让甲方满意？

各方都需要在项目实施的阶段进行监督与控制。如何监控？如何保障实施？风险如何识别？项目需要变更如何处理？这些问题本章中可以指导大家分析及解决。

第一节　实施与管理项目工作

4.1.1　项目按计划进行

每当期末考试来临，同学们都会紧张地复习，准备考试。面对 8～10 门课程的期末考试，有些同学能应对自如，沉着应战；而有些同学却陷入一种慌乱状态，不得要领，草草复习，侥幸应考，结果不尽如人意。

不是每一位同学都能将学习计划安排得井井有条并认真执行的。有些同学刚开始似乎制订了时间计划，但在复习过程中还是前松后紧，以至于最后不得不对所有课程进行大赶工，草草收场。甚至个别课程由于复习不力，导致“挂科”，需要补考或重修。究其原因，也许是时间安排不合理或目标定得过高，也许是执行不力，也许是老觉得时间还早，还来得及，就明日复明日地拖下去。

针对期末考试时间紧、课程多和任务重的情况，首先要解决的是从众多活动中理出头绪来，看看应当先做什么、后做什么，哪些事情该多花些时间、哪些可少花些时间。也就是说，要编制一个良好的期末考试复习和应考的时间计划。

从这样一个简单的例子中，我们可以总结出，“制订计划—实施计划—实时监控计划”是我们项目管理过程中的核心三部曲。

图 4－1　计划—实施—监控关系图

从三者的关系图中我们不难看出，计划推动项目的实施，而项目的实施又是计划的表现，同时反映计划的不足并加以修正。实施过程中需要随时进行监控以便及时发现实际与计划的偏离并作出应对措施，与此同时，监控也是对实施的保证，保证实施过程不会像“脱缰的野马”难以控制。最后，通过监控还能及时发现计划中的不足并且加以修改，以便之后的实施过程不会受到影响。

没有规矩不成方圆，项目的计划就是要订下这个规矩。我们从小就学会了写学习计划挂在墙上，现在更应该习惯于制订计划，生活中、学习中遇到的很多事情都需要做计划，计划可以指引我们取得成功。项目计划是对于未来一段时间的工作的合理构想和安排，给以后的行动指明方向。计划制订出来了，要真正实现它，就要脚踏实地、一步一个脚印地实施，并对实施情况进行全过程监控。周全的计划增加胜算的机会，不慎重的计划将会给实施带来很大麻烦。“计划—实施—监控”循环，是项目管理过程中的核心三部曲。

计划是实施和监控的前提和依据，没有计划的实施是“车到山前必有路，万一没路就没辙”，其中的“必有路”只是自己的主观愿望。

实施是计划的实现，是从“纸上谈兵”变成“真刀实枪”，有时实施过程中也可能发现计划的不足，导致修改计划。

监控是通过把实施与计划对比进行的。实施很难完全不偏离计划，必须通过监控把偏离控制在合理的、可接受的范围内。

监控是对实施的保证。监控会给实施提供情况反馈，如与计划的偏差有多大？偏差是否可以接受？是否需要在实施中采取纠正措施？没有监控的实施可能会成为“脱缰的野马”。

监控还是实现计划的保证。监控可以发现计划的不足，提出与批准对计划的调整，保证计划的现实可行性。

4.1.2　项目计划的作用

项目计划的主要作用就是指导项目的实施工作。在整个项目实施阶段，不论环境如何变化，项目如何调整，项目计划始终是实施和监控的最终依据。项目的实施和监控就是以既定计划为基础，进行一系列活动或努力的过程。“良好的开端是成功的一半”，同样，制订一个好的项目计划有助于生产出好的产品和工作成果。

项目一旦开始实施，就必须严格监控项目的进程，确保项目按计划顺利进行。在监控过程中，必须定期将项目的实施情况与计划进行比较，及时发现差距。一旦发现差距超过了控制标准，就必须采取纠偏措施，以保证项目正常进行。

比较起来，计划和监控都是为项目顺利实施保驾护航的，但它们作用于实施的方式又有差别。计划是通过周密安排“拉动”实施，监控是通过监督矫正“推动”实施。就像老师为了让学生学到知识，既扮演循循善诱的引导者的角色，又是一个不讲情面的监督者，这两重作用缺一不可。

从计划和监控的关系上来说，没有计划，就没有监控。连参考的依据都没有，拿什么来监控？有人把计划和监控比喻为“双生子”，著名管理学家孔茨形容它是一把剪刀的双刃，缺一不可。这些形象的比喻都说明了计划和监控密不可分的关系。

计划作为实施和监控的基础，有一定权威性，但并不代表计划一经确定就不容怀疑。

计划可能需要在实施过程中进行一定程度的修订。一方面，计划本身可能存在问题，如当初制订计划时的一些失误；另一方面，项目的环境可能发生变化，出现当初不能预料到的各种情况，如外部政治、经济环境的变化。由于这些主观、客观等多方面的原因，我们不能把计划当教条，需要根据情况进行必要的调整。

大家观察一下我们身边的一些优秀学生，不仅学习成绩优异，而且参与社团活动也游刃有余。他们往往具有这样的共同点：做事有章可循并能持之以恒。做事缺乏计划的人是不可能做到这一点的。把握并遵守计划、实施和监控这三者之间的相互关系，有助于我们做事取得成功。

用一个公式来表达就是：切合实际的计划 + 脚踏实地地实施 + 始终密切地监控 = 成功。

4.1.3 实施阶段的主要工作

在项目实施阶段，项目团队按照已经制订好的计划实施项目。按照制定好的控制程序，收集绩效数据，与计划相比较，对其进行偏差分析，如果超出偏差分析的临界值，则采取纠偏措施或修改计划。

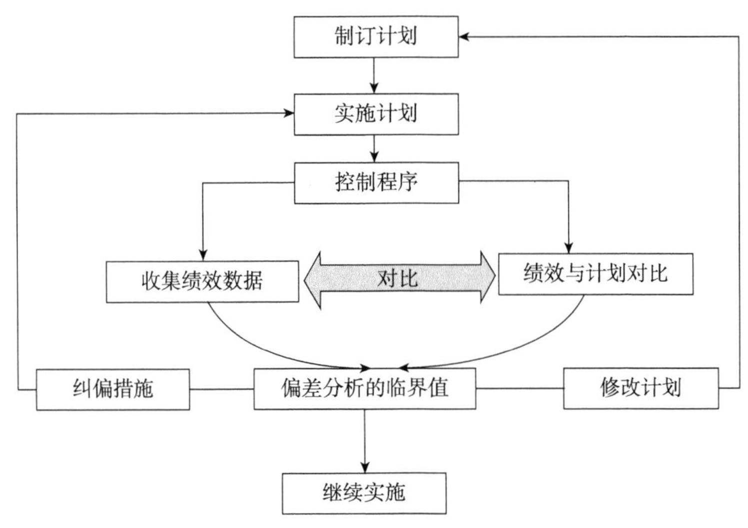

图 4－2　项目实施流程图

在项目实施阶段，指导与管理项目工作是为实现项目目标而领导和执行项目管理计划中所确定的工作，并实施已批准变更的过程。此过程的主要作用是，对项目工作提供全面管理。输入、输出、工具与技术如图 4－3 所示。

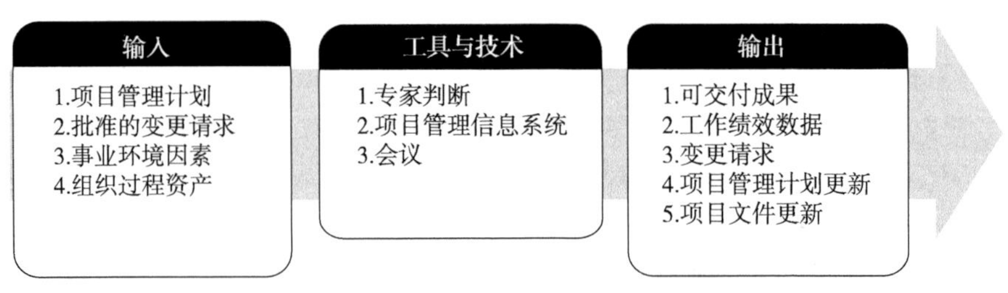

图 4－3　项目实施输入、输出、工具与技术

1. 实施项目的工作活动（但不限于）

（1）开展活动以实现项目目标；

（2）创造项目的可交付成果，完成规划的项目工作；

（3）配备、培训和管理项目团队成员；

（4）获取、管理和使用资源，包括材料、工具、设备与设施；执行已计划好的方法和标准；

（5）建立并管理项目团队内外的项目沟通渠道；

（6）生成工作绩效数据（如成本、进度、技术和质量进展情况以及状态数据），为预测提供基础；

（7）提出变更请求，并根据项目范围、计划和环境来实施批准的变更；

（8）管理风险并实施风险应对活动；

（9）管理卖方和供应商；

（10）管理干系人及他们在项目中的参与；

（11）收集和记录经验教训，并实施批准的过程改进活动。

项目经理与项目管理团队一起指导实施已计划好的项目活动，并管理项目内的各种技术接口和组织接口。项目经理还应该管理所有的计划外活动，并确定合适的行动方案。指导与管理项目工作过程会受项目所在应用领域的直接影响。通过实施相关过程来完成项目管理计划中的项目工作，产出相应的可交付成果。

在项目执行过程中，还须收集工作绩效数据，并进行适当的处理和沟通。工作绩效数据包括可交付成果的完成情况和其他与项目绩效相关的细节。工作绩效数据也是监控过程组的输入。

2. 实施项目：输出

（1）可交付成果

可交付成果是在某一过程、阶段或项目完成时，必须产出的任何独特并可核实的产品、成果或服务能力。可交付成果通常是为实现项目目标而完成的有形的组件，也可包括项目管理计划。

（2）工作绩效数据

工作绩效数据是在执行项目工作的过程中，从每个正在执行的活动中收集到的原始观察结果和测量值。数据是指最底层的细节，将由其他过程从中提炼出项目信息。在工作执行过程中收集数据，再交由各控制过程做进一步分析。

例如，工作绩效数据包括已完成的工作、关键绩效指标、技术绩效测量结果、进度活动的开始日期和结束日期、变更请求的数量、缺陷的数量、实际成本和实际持续时间等。

（3）变更请求

变更请求是关于修改任何文档、可交付成果或基准的正式提议。变更请求被批准之后将会引起对相关文档、可交付成果或基准的修改，也可能导致对项目管理计划其他相关部分的更新。如果在项目工作的实施过程中发现问题，就需要提出变更请求，对项目政策或程序、项目范围、项目成本或预算、项目进度计划或项目质量进行修改。其他变更请求包括必要的预防措施或纠正措施，用来防止以后的不利后果。变更请求可以是直接或间接的，可以由外部或内部提出，可能是自选或由法律/合同所强制的。变更请求可能包括：

①纠正措施。为使项目工作绩效重新与项目管理计划一致而进行的有目的的活动。

②预防措施。为确保项目工作可交付成果的顺利交付而进行的有目的的活动。

③缺陷补救。为了修正不一致的产品或产品组件而进行的有目的的活动。

④更新。对正式受控的项目文件或计划等进行的变更，以反映修改或增加的意见或内容。

第二节　项目可交付成果

项目管理是以结果为导向的，要求把结果做出来。可交付成果，就是项目结果的表现。项目实施和监控，就是为了把符合要求的可交付成果提交出来。“可交付成果”是项目管理中非常重要的一个术语。尽管前文已经讨论过，这里还要再进行补充。

在项目计划阶段，我们已经运用工作分解结构（WBS）把项目的可交付成果确定下来。实施过程是项目管理中的重要环节，项目的最终可交付成果就是实施过程的产物。我们也需要不断地跟踪项目实施所产生的可交付成果，看看是否符合相关要求，并采取相应措施。

4.2.1　可交付成果定义

项目可交付成果是在某一过程、阶段或项目完成时，必须产出的任何独特并可核实的产品、成果或服务能力。可交付成果通常是为实现项目目标而完成的有形的组件，也可包括项目管理计划。

可交付成果指为完成项目而必须提交的、可衡量的、可验证的阶段成果或最终成果，大多数是有形的，也可以是无形的。诸如，研发的新产品、一栋建筑物、一项工程设施等有形物，都是常见的可交付成果。再如，一个编写教材项目的可交付成果可以是组成教材的每一章节，或者是从提纲、初稿到定稿的每一阶段成果。除此之外，项目有时也会涉及能力提升、客户满意等无形的可交付成果。

无论是有形或无形的，可交付成果都必须是可衡量、可验证的。例如，我们在大学期间的学业，要达到一定的水平才算是一名合格的大学生，那该怎样证明我们的水平呢？虽然学习水平是一个抽象的、无形的可交付成果，但依然可以用有效的方法来衡量，如考试。可以收集考试成绩，进行分析，比较客观地把无形的“学习水平”量化和检验出来。奥运会这个大型项目的分阶段和最终可交付成果更是多样的，既包括场馆、设施、会徽、吉祥物、火炬、歌曲、纪念钞、开闭幕式、奖牌、证书、比赛播报的声音和视频等有形成果，也涉及赛事安全、志愿者培训、环保、获得国际社会认可等无形成果，而且所有这些可交付成果都可用一定的方法进行度量和检验。

可交付成果可以在工作分解结构的各个层次上存在。整个项目的最终成果就是项目的最高可交付成果，再逐层分解成许多较低层次的可交付成果，直到工作包。只有完成所有的可交付成果才算实现项目目标。为了实现项目目标必须明确分期分批要完成什么可交付成果，以及各个层次上可交付成果的总分关系，确保它们对于完成整个项目是必要且充分的。

4.2.2　可交付成果的完成和验收

可交付成果的完成和验收是项目阶段的特征，每个项目阶段结束时都要完成不同的可交付成果。计划阶段的成果是完整的项目计划，实施阶段的成果是完成的项目产品，而收尾阶段的成果则是项目验收和后评价报告。前一阶段的可交付成果经批准后，才能开始下一阶段的工作。对项目团队而言，最终需要提交的是可交付成果，而不是做事情的作业过程。一开始没有明确可交付成果的项目，是很难顺利进行的。不少活动，就是可交付成果不明确，以至于为了做活动而做活动。做的过程中才发现问题很多，慌忙应对，看似工作狂人一样辛苦，却没有成效，相当于白做。只有“苦劳”却没有“功劳”，这是最悲惨的一种组合。

计划要提交的可交付成果，是进行项目控制和团队成员绩效考核的依据，也是考核项目完工情况的依据。例如，需要考察哪些成员的哪些可交付成果已经完成，哪些还未完成，质量标准达到的程度如何等。没有这样的客观标准，就会有人声称“不以成败论英雄”或是“我也尽力了”等。要知道，项目管理是“以成败论英雄”的，就是要把结果做出来。项目管理关注“过程”，但更关注“结果”，因为过程是为结果服务的。项目的可交付成果就是最终想要的结果。过程做得再辛苦或是感觉再良好，如果没有交出合格的可交付成果，那也是白费劲。

大学生在学校组织活动，由于经验不足，往往做到后来才发现问题比预想得多，像本章开头曹斐遇到的那样。发生这种情况的一个主要原因，是项目在启动和计划的时候可交付成果模糊，导致实施过程的不断修改，项目时间不断延误，内容不断变更，资源越来越吃紧，继而影响团队的士气，最终影响可交付成果的质量和项目干系人的满意度。所以，我们做项目要时刻保持清醒的头脑：我们要实现的是什么？这个东西到底是怎样的？我们需要做什么？在这样的追问中，可交付成果将逐渐从模糊变得清晰，从粗略变得详细。当项目可交付成果很好地被确定下来，接下来的实施和监控工作就可以顺利开展了。项目实施就是严格执行计划，把计划变成现实。由于项目实施更多的是技术上的问题，而不是管理上的问题，所以本书不对它重点讨论。

第三节　项目监督与控制

大家知道导弹为什么总能命中目标吗？因为导弹在发射出去以后的飞行过程中始终受到控制，不断调整飞行方向，直至最终击中目标。即使目标在移动，也逃不过导弹的追踪。项目管理的过程类似于导弹追踪，全过程受控是显著的特征。

4.3.1　什么是项目控制

到底什么才是项目控制呢？提起项目控制你会想到什么呢？当你作为项目经理在领导整个项目进行的时候，你需要注意哪些方面的问题呢？正如我们之前所提到的制订计划这样一个案例中，你如何才能把每一项任务控制在预计的时间内完成呢？

为了更好地理解项目控制的含义，以及清楚项目控制所要表达的各个方面，我们引入一个概念——PDA。PDA 是 Prevention、Detection、Action 的缩写。

表 4－3　PDA 的基本含义

P	防范	尽量减少偏差的发生，做好计划，过程中进行有效沟通，不断监控风险因素，发现问题及时解决。
D	检测	运用科学的跟踪系统，提早检测执行偏差，将实际的执行结果和相关基准做比较，越早发现偏差，越容易将偏离的项目拉回轨道。
A	行动	当发现偏差以后就应当有所作为，采取适当的应对措施，如纠正、变更和总结经验教训。

项目的监控包括监督与控制，监督在于随时掌握进展情况，控制在于必要时采取纠偏措施。监督与控制密不可分，即监督是控制的依据，控制是监督的目的。具体地说，项目监督与控制过程，是在项目实施过程中连续跟踪项目实施情况、收集各种信息，对比原定项目计划，找出偏差，分析原因，制订变更或纠偏措施，对项目计划进行调整或对项目实施进行纠偏的过程。

监督与控制是贯穿项目始终的。项目团队通过连续的监督，洞察项目是否处于正常状态，并识别任何可能需要特别注意的方面。

项目监督与控制工作主要是围绕进度、成本、范围、质量以及风险、合同等方面展开的。我们需要从这些方面衡量项目绩效，找出偏差，分析产生偏差的原因，继而制订合适的变更或纠偏行动。

4.3.2　项目进度及成本控制

说到这里大家可能会觉得困惑，到底怎样才能进行有效的项目控制呢？所谓科学的控制方法又是什么呢？接下来将会为大家介绍具体的项目控制的方法。

项目控制主要是围绕进度、成本、质量、范围等方面展开的，先介绍进度及成本的控制工具与技术。

项目的进度和成本控制是根据项目的进度和成本计划与实际的执行情况之间的差异来进行的，及时发现偏差，寻找产生偏差的原因，提出有效的应对措施，力求使进度和成本控制在事先做好的计划中，按时按量且在资金预计范围内完成项目。

在项目的进度和成本控制中有许多有效和科学的方法，其中，最为常见和使用最为广泛的是“挣值分析法”。

1. 什么是“挣值分析法”

挣值管理法（Earned Value Management，EVM）是项目管理领域中一个特有的、非常有效的费用控制工具。它综合了范围、进度和成本数据，是一种项目绩效测量技术。包括以下几个方面：

（1）关注项目进展到什么程度还需要关注花了多少成本。

（2）针对每个工作包和控制账户。

（3）原理适用于任何行业的任何项目。

2. 如何进行“挣值分析”

我们用一个案例来对挣值分析做一个全面的了解。

例：装修房屋一般来说包括五项工作：设计、铺地、吊顶、安装门窗、粉刷墙壁。假设计划的总工期为20天，工作计划安排如表4－4所示，现在是第13天结束，项目的进展情况如表4－5所示。

表4－4　工作计划安排

	设计	铺地	吊顶	安装门窗	粉刷墙壁
计划工期（天）	4	5	4	4	3
计划成本（元）	2000	10000	2000	4000	2000

表4－5　项目的进展情况

	设计	铺地	吊顶	安装门窗	粉刷墙壁
实际进度	完成100%	完成100%	完成70%	未开始	未开始
实际花销（元）	2100	12000	1800	未发生	未发生

（1）计划价值PV（planned value）

为某活动或工作分解结构组成部分的预定工作进度分配且经批准的预算，即

$$PV = 计划完成的工作量 \times 预算单价$$

则截至第13天，房屋装修项目的PV＝（2000＋10000＋2000）×100%＝14000

（2）挣值EV（earned value）：挣值的计算必须与计划价值相对应

项目活动或工作分解结构组成部分的已完成工作的价值，是实际已完成工作的预算价值，即

$$EV = 实际已完成的工作量 \times 预算单价$$

则截至第13天，房屋装修项目的EV＝100%×2000＋100%×10000＋70%×2000＝13400

（3）实际成本AC（actual cost）：没有上限，要计算所有成本

为完成活动或工作分解结构组成部分的工作，而实际发生并记录在案的总成本，是实际已完成工作的实际成本，即

$$AC = 实际已完成的工作量 \times 实际单价$$

则截至第13天，AC＝2100＋12000＋1800＝15900

（4）完工预算（BAC，budget at completion）

项目工作、工作分解结构组成部分或进度活动的所有预算之和，即项目的总计划价值。除非已批准进行变更，否则完工预算一般不会变化，完工预算有时被称为绩效测量基准，则

$$BAC = 2000 + 10000 + 2000 + 4000 + 2000 = 20000$$

3. 与成本相关的概念

（1）成本偏差（CV）

是在某个给定时点的预算亏空或盈余量，表示为挣值与实际成本之差，即 CV = EV - AC，若 CV > 0，节约预算；若 CV < 0，成本超支（已经发生，不可弥补）。

项目结束时的成本偏差等于完工预算 BAC 与实际总成本之间的差值。

那么，截至第 13 天，CV = EV - AC = 13400 - 15900 = -2500 < 0，也就是说，截至第 13 天，项目出现成本超支。

（2）成本绩效指数（CPI）

是衡量预算资源成本效率的一种指标，表示为挣值与实际成本之比，即 CPI = EV/AC，如 1 元做了价值多少钱的事（按预算价值），若 CPI > 1，成本有结余；若 CPI < 1，成本超支。

那么，截至第 13 天，CPI = EV/AC = 13400/15900 ≈ 0.84 < 1，也就是说，截至第 13 天，出现成本超支，与 CV 计算结果一致。

4. 与进度相关的概念

（1）进度偏差（SV）

表示为挣值与计划价值之差，表明项目是否落后于基准进度，即

SV = EV - PV，若 SV > 0，进度提前；若 SV < 0，进度落后，进度偏差最终等于 0。

截至第 13 天，SV = EV - PV = 13400 - 14000 = -600 < 0，表明目前进度落后。

（2）进度绩效指数（SPI）

表示为挣值与计划价值之比，反映了项目团队利用时间的效率，可以表示实际进度是计划进度的多少倍，即

SPI = EV/PV，若 SPI > 1，完成的工作超过计划；若 SPI < 1，完工未达到计划要求，需要对关键路径上的绩效进行单独分析以确认项目是否将比计算提前或推迟完成。

截至第 13 天，SPI = EV/PV = 13400/14000 ≈ 0.96 < 1，也就是说，截至第 13 天，进度出现落后，与 SV 计算结果一致。

挣值规则：一般以 50/50 比较常用。

（3）完工估算（EAC）

是为完成某进度活动、工作分解结构组成部分或整个项目所需的预期总成本。它可以根据迄今为止的实际绩效进行计算，也可以由项目团队根据其他因素做出估算。

如何计算 EAC：

重新估算：EAC = AC + ETC

关键比率：EAC = AC + （BAC - EV）/（CPI × SPI）

特殊原因：EAC = AC + （BAC - EV）或 = BAC - CV

典型原因：EAC = AC + （BAC - EV）/CPI 或 = BAC/CPI

若我们认为，截至第 13 天所出现的进度落后，成本超支是特殊原因，也就是在之后的项目完成过程中不会再出现的情况，那么

$$EAC = AC + (BAC - EV) = 15900 + (20000 - 13400) = 22500$$

（4）完工尚需估算（ETC）

是为完成某进度活动、工作分解结构组成部分或整个项目的所有剩余工作而预计需要的成本。

如何计算 ETC：

典型偏差：ETC =（BAC − EV）/CPI

特殊偏差：ETC = BAC − EV

极端状态下按期按预算完工：ETC =（BAC − EV）/（CPI × SPI）

自下而上重新估算：更加准确但需要额外的时间和成本

假设截至第 13 天出现的进度落后，成本超支的情况是典型偏差，也就是在后面的项目工作中有可能会再次发生，那么

ETC =（BAC − EV）/（CPI × SPI）=（20000 − 13400）/（0.84 × 0.96）≈8185

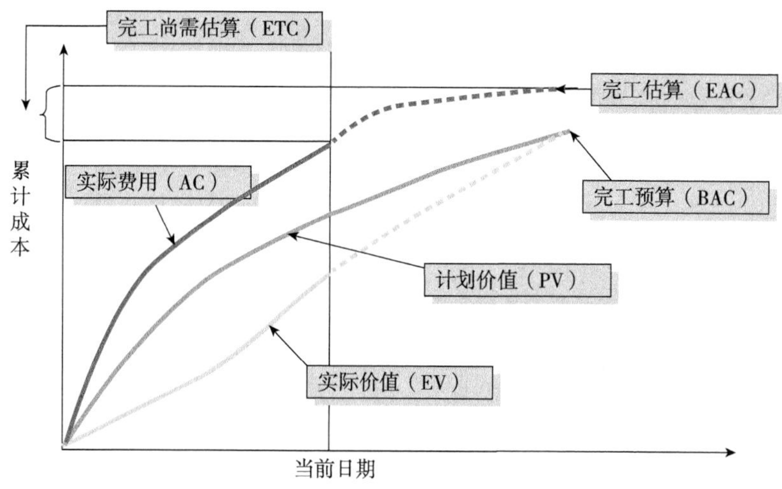

图 4－4　完工估算 ETC

（5）完工偏差（VAC）

是对预算亏空量或盈余量的一种预测，它表现了项目完工成本和估算成本的差异。

VAC = BAC − EAC，若 VAC > 0，表示在计划成本之内；若 VAC < 0，表示超过计划成本。

那么上例中，VAC = BAC − EAC = 20000 − 22500 = −2500 < 0，也就是说，该项目完成时将超过计划成本。

表 4－6　挣值分析表

缩写	名称	术语词典定义	如何使用	公式	对结果的解释
PV	计划价值	为计划工作分配的经批准的预算	在某一时点上，通常为数据日期或项目完工日期，计划完成工作的价值		
EV	挣值	对已完成工作的测量，用该工作的批准预算来表示	在某一时点上，通常为数据日期，全部完成工作的计划价值，与实际成本无关	挣值 = 完成工作的计划价值之和	

续表

缩写	名称	术语词典定义	如何使用	公式	对结果的解释
AC	实际成本	在给定时间内，因执行项目活动而实际发生的成本。在某一时点上，通常为数据日期，全部完成工作的实际成本			
BAC	完工预算	为将要执行的工作所建立的全部预算的总和	全部计划工作的价值，项目的成本基准		
CV	成本偏差	在某个给定时间点，预算亏空或盈余量，表示为挣值与实际成本之差	在某一时点上，通常为数据日期，完成工作的价值与同一时点上实际成本之间的差异	CV = EV - AC	正数 = 在计划成本之内 零 = 与计划成本持平 负数 = 超过计划成本
SV	进度偏差	在给定的时间点上，项目进度提前或落后的情况，表示为挣值与计划价值之差	在某一时间点上，通常为数据日期，完成工作的价值与同一时点上计划完成的工作之间的差异	SV = EV - PV	正数 = 提前于进度计划 零 = 在进度计划上 负数 = 落后于进度计划
VAC	完工偏差	对预算亏空量或盈余量的一种预测，是完工预算与完工估算之差	项目完工成本的估算差异	VAC = BAC - EAC	正数 = 在计划成本之内 零 = 与计划成本持平 负数 = 超过计划成本
CPI	成本绩效指数	度量预算资源的成本效率的一种指标，表示为挣值与实际成本之比	CPI 等于 1.0 说明项目完全按预算进行，到目前为止完成的工作的成本与预计使用的成本一样。其他数值则表示已完成工作的成本高于或低于预算的百分比	CPI = EV/AC	>1 在计划成本之内 =1 与计划成本持平 <1 超过计划成本
SPI	进度绩效指数	测量进度效率的一种指标，表示为挣值与计划价值之比	SPI 等于 1.0 说明项目完全按照进度计划执行，到目前为止，已完成工作与计划完成的工作完全一致，其他数值则表示已完成工作落后或提前于计划工作的百分比	SPI = EV/PV	>1 提前于进度计划 =1 在计划进度上 <1 落后于进度计划

续表

缩写	名称	术语词典定义	如何使用	公式	对结果的解释
EAC	完工估算	完成所有工作所需的预期总成本，等于截至目前的实际成本加上完工尚需估算	如果预计剩余工作的CPI与当前的一致，则使用这个公式计算EAC； 如果剩余工作将以计划效率完成，则使用： 如果原计划不再有效，则使用： 如果CPI和SPI同时影响剩余工作，则使用	EAC = BAC/CPI EAC = AC + BAC − EV EAC = AC + 自上而下估算的ETC EAC = AC + [（BAC − EV）/（CPI × SPI）]	
ETC	完工尚需估算	完成所有剩余项目工作的预计成本	假设工作正按计划执行，则使用这个公式计算完成剩余工作所需的成本； 对剩余工作进行自下而上重新估算	ETC = EAC − AC ETC = 再估值	
TCPI	完工尚需绩效指数	为了实现特定的管理目标，剩余资源的使用必须达到的成本绩效指标，是完成剩余工作所需的成本与剩余预算之比	为了按计划完成，必须维持的效率 为了实现当前的完工估算（EAC），必须维持的效率	TCPI =（BAC − EV）/（BAC − AC） TCPI =（BAC − EV）/（EAC − AC）	>1 很难完成 =1 正好完成 <1 很容易完成 >1 很难完成 =1 正好完成 <1 很容易完成

（6）完工尚需绩效指数（TCPI）

为了实现特定的管理目标，如达到完工预算BAC或完工估算EAC，剩余资源的使用必须达到的成本绩效指标。

如何计算TCPI：

基于BAC的TCPI：

$$TCPI = (BAC - EV) / (BAC - AC)$$

基于EAC的TCPI：

$$TCPI = (EAC - EV) / (EAC - AC)$$

本例中，若以基于BAC的TCPI来计算，则

$$TCPI = (BAC - EV) / (BAC - AC) = (20000 - 13400) / (20000 - 15900) \approx 1.61$$

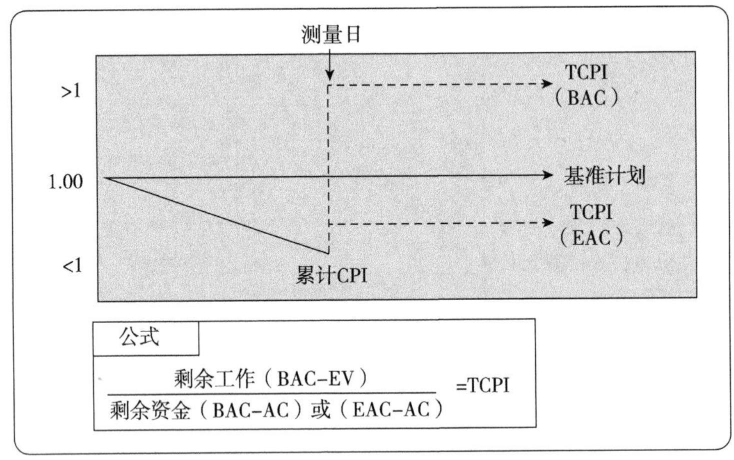

图4－5　完工尚需绩效指数TCPI

那么，利用挣值分析法分析出项目进行到现在，出现了成本超支，进度落后的情况以后，应该采取什么样的措施来应对这样的状况呢？我们发现问题的目的是解决问题，一般来说，我们可以有以下一些办法：

（1）非关键路径上的资源向关键路径上转移。当出现成本超支时，但是又需要把总成本控制在预算范围内，那么只能想办法转移资源，把资源转移到更为关键更为重要无可替代的工作上。

（2）在各个关键路径上进行赶工。一般来说，关键路径上的工作耗时较长，当出现进度落后时，则可以想办法对关键路径上的工作进行赶工，缩短时长，力求使总时长控制在计划内。

（3）调节各个子活动之间的逻辑关系。有时候调整项目活动之间的逻辑关系，比如“结束—开始”转化为“开始—开始”等，将某两种工作在不影响质量和效率的前提下同时开始，加快进度。

（4）减少工作内容。在不影响可交付成果的前提下，可以适当减少一些可有可无的工作内容。

4.3.3　进度及成本控制结果

可以说，在项目实施过程中产生进度和成本偏差是不可避免的，关键是偏差有多大。比如，预期期末考试考90分，结果考了89分，是可以接受的。我们应该根据项目的具体情况，制订一个允许的偏差范围，即在该范围内的偏差是正常偏差，无须采取特别措施；一旦偏差超出了这个范围，就应该引起管理人员甚至是高层管理人员的特别注意。出现负的偏差当然不好，但是过大的正偏差也不一定是好事情。这种正偏差可能是以牺牲项目的其他目标（如质量）为代价的，或者可能带来滞后的负面效果。所以，较大的偏差无论正负，都必须引起管理层的特别注意，仔细分析原因。

1. 进度控制结果及对策

如果项目在实施过程中出现了比较大的进度拖后，我们需要在分析原因的基础上，采取适当的措施进行处理，以便把项目重新拉回到原来的计划上来。解决进度拖后要重点针对关键路径上的活动，常用的办法有：

（1）非关键路径向关键路径的资源转移。

我们可以在非关键路径的浮动时间允许的范围内，减慢甚至暂停非关键路径上的活动，抽调出力量来加快关键路径上的活动。

（2）在关键路径上赶工。

在单位时间内投入更多的人力、财力、物力等资源，对关键路径上的活动进行赶工以加快项目进度，应该选择那些赶工成本最低的活动进行赶工。调整各活动间的逻辑关系。例如，把某些排在后面的活动提前进行。

（3）快速跟进。

让某些关键活动在紧前活动尚未结束时就开始，使本来按顺序进行的工作部分甚至完全并行。

（4）减少工作内容。

在不影响项目的主要功能和总体目标的前提下，考虑适当减少一些工作内容甚至取消一些工作。如果项目实施中出现了较严重的成本超支，可能比进度拖后更难处理。进度拖后，可以设法赶上去；成本超支，只有设法节约以后的支出，但这很可能要牺牲项目的其他目标（如质量）或某些项目干系人的利益（如团队成员的收入减少）。从沉没成本的角度来讲，已经超支的成本都是沉没成本，就像是泼出去的水，无法收回，所以成本超支实际上是无法解决的。

2. 费用控制结果及对策

（1）修订费用估算；

（2）预算更新；

（3）纠正活动。

第四节　项目质量控制

项目的质量控制是指对项目质量实施情况的监督和管理，实时监控项目成果与计划质量标准之间是否有偏差，如果一旦出现偏差那么就要进行纠正。与进度和成本控制类似，项目质量控制也要以项目计划中的质量基准线为基础，要保证项目质量达到基准线标准的要求。我们可以运用许多办法来检查和控制项目质量，下面介绍几种重要的工具与技术。

4.4.1　因果图

因果图，又被形象地称为鱼骨图，它直观地显示出一系列因素如何导致某一结果，可以帮助人们系统地查找出问题的根源。常见的是生产出来的产品可能由于各种原因造成不合格，那会是哪些因素导致质量缺陷呢？在图上画出每一大类原因（如时间、机器、方法、材料、人员等），并逐层细化到中原因、小原因。只要逐个管理好这些因素，往往就可以防止出现不好的结果。

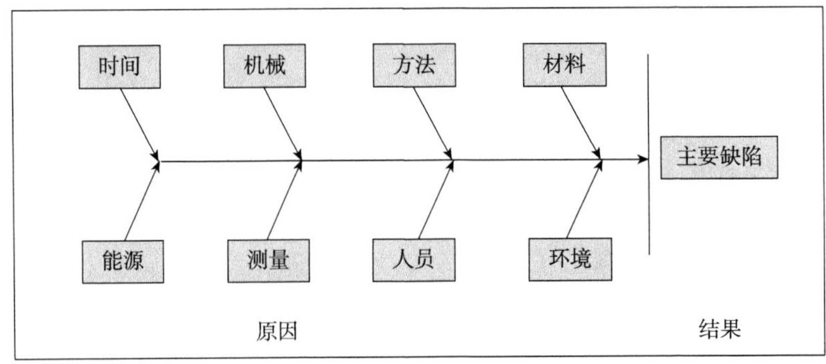

图 4－6　因果图

4.4.2　帕累托图

帕累托图，又称为主次因素排列图法，影响质量的因素有很多，但其中主要因素往往只有其中少数几个，而它们对质量产生的影响却占很大的百分比。帕累托图包括一条横坐标，两条纵坐标。左边的纵坐标表示频数，右边的纵坐标表示频率，以百分数表示，横坐标表示影响质量的各个因素，按照影响的大小从左向右进行排列。曲线表示各因素大小的累计百分数。

A 类因素：0% ~80%，称为主因素；

B 类因素：80% ~90%，称为次要因素；

C 类因素：90% ~100%，称为一般因素。

其中，A 类因素是改进质量的关注重点，当找到 A 类因素，就有助于后面有针对性地进行质量改进。

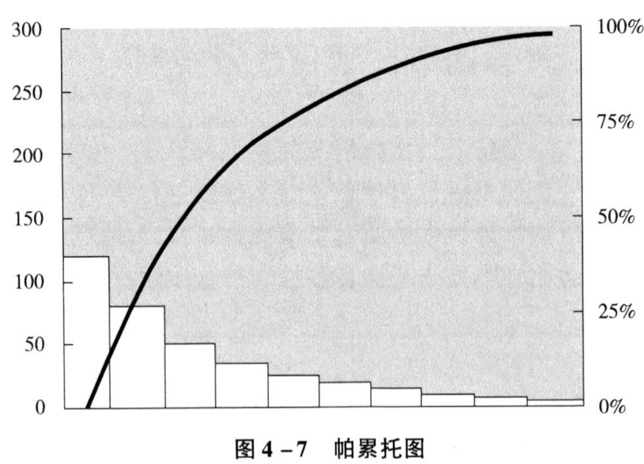

图 4－7　帕累托图

4.4.3　控制图

控制图是用来跟踪项目质量情况的，确认实施过程中发生的误差是否在允许的范围内，从而帮助人们判断项目实施过程是否处于受控状态（见图 4－8）。当过程处于控制中，就不需采取措施；一旦偏差超过控制线的范围，我们就认为项目实施过程失控了，应立即采取纠偏措施；或者，虽然在控制线范围内，但是偏差分布呈现出非随机的特性，如“7 点规则”的情况（7 个连续观测点都落在均值的同一侧，或者呈同向的变动趋势），我们也认为实施过程失控了，需要及时进行调查并采取进一步行动。

如果不及时对已经失控的过程做调整，过程偏差迟早要突破规范线，即可交付成果迟早要出现质量缺陷。规范线就是客户或技术规范要求的最后底线。只要质量偏差在规范线以内，项目可交付成果就没有质量缺陷。一旦突破规范线，可交付成果就有质量缺陷，验收不能通过。

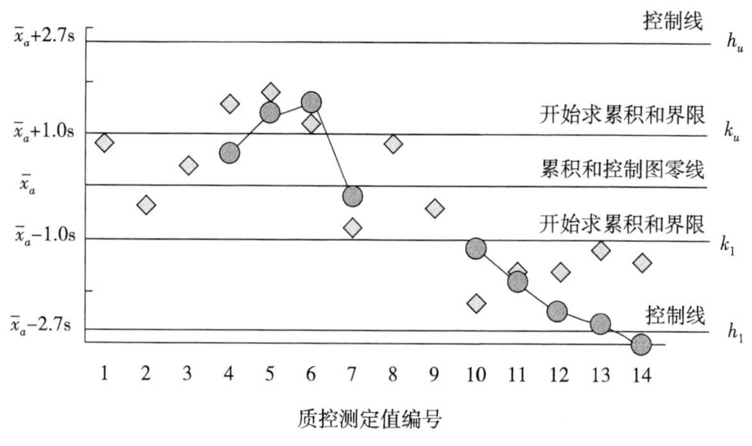

图 4－8　控制图

4.4.4　趋势图

趋势图是根据数据发生的先后顺序将数据点连接成一条线，以显示过程随时间推移的趋势和偏差情况，或随时间推移的恶化或改进情况。

趋势图反映偏差的历史和规律。反映一个过程在一定时间段的：

（1）趋势；（2）偏差情况；（3）过程的改进或恶化。

趋势分析是根据历史结果，利用数学工具预测未来的成果。

趋势分析经常用来检测：

技术绩效：多少错误或缺陷已被确认，还剩多少没有纠正。

成本和进度绩效：每个时期有多少活动完成时有显著偏差。

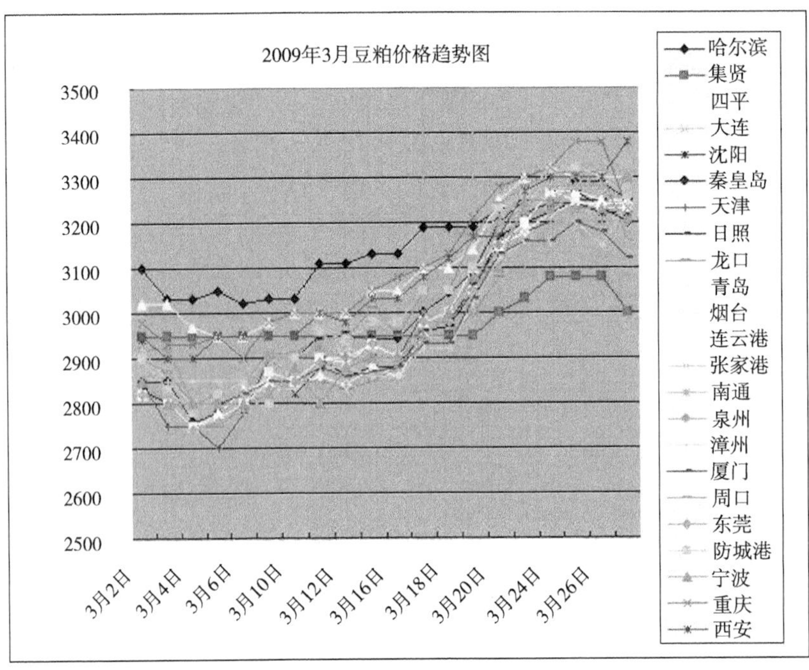

图 4－9　趋势图

4.4.5　流程图

流程图，也称过程图，用来显示在一个或多个输入转化成一个或多个输出的过程中，所需要的步骤顺序和可能分支。它通过映射 SIPOC 模型中的水平价值链的过程细节，来显示活动、决策点、分支循环、并行路径及整体处理顺序。流程图可能有助于了解和估算一个过程的质量成本。通过工作流的逻辑分支及其相对频率，来估算质量成本。这些逻辑分支，是为完成符合要求的成果而需要开展的一致性工作和非一致性工作的细分。

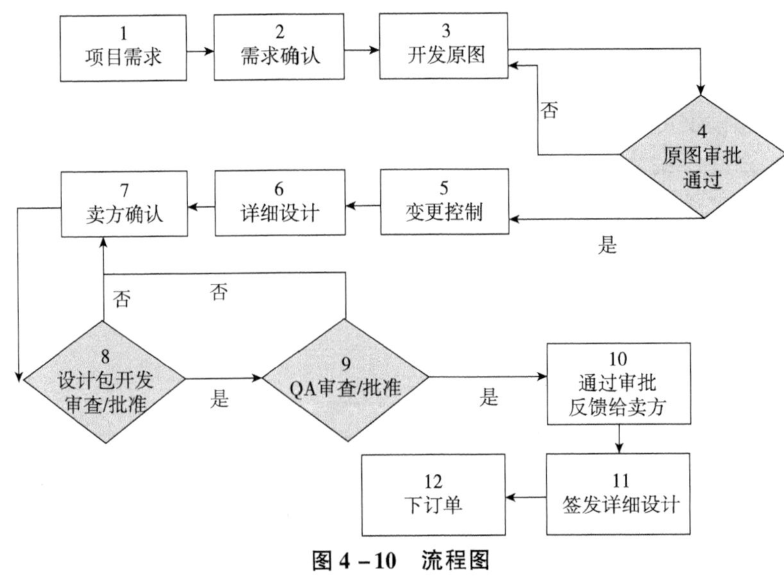

图 4－10　流程图

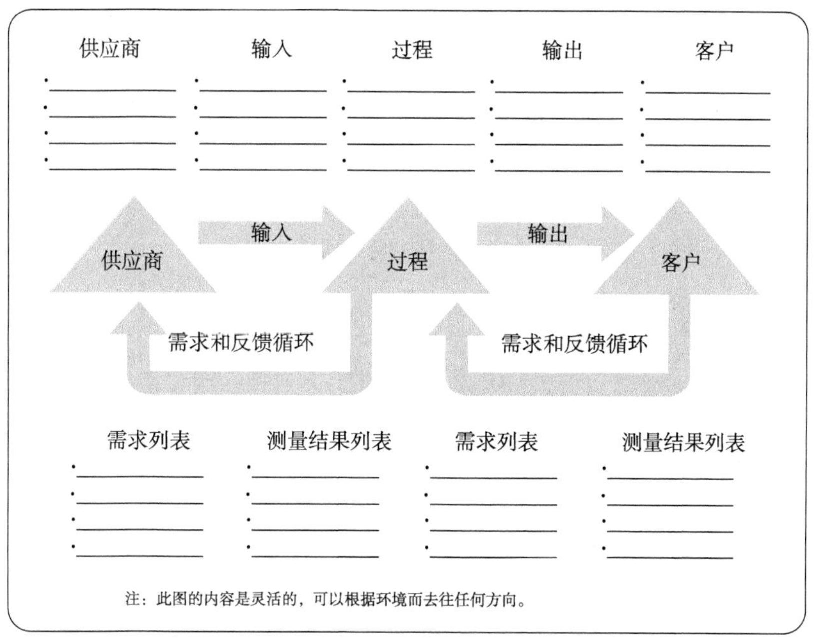

图 4－11　SIPOC 模型

4.4.6　直方图

直方图是一种特殊形式的条形图，用于描述集中趋势、分散程度和统计分布形状。

与控制图不同，直方图不考虑时间对分布内的变化的影响。直方图可以显示在某个最小值和最大值之间的值的等级或范围内值出现的频率。

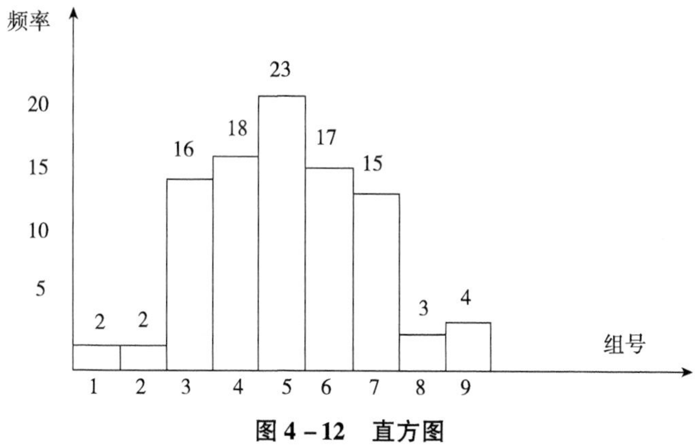

图 4－12　直方图

4.4.7　散点图

散点图显示两个变量之间的关系和规律：积极的、消极的，还是两者毫无关系，虽然散点图不能证明一个变量的变化引起另一个变量的变化，但它有助于说明是否存在某种关系，也可以说明这种关系的强度。

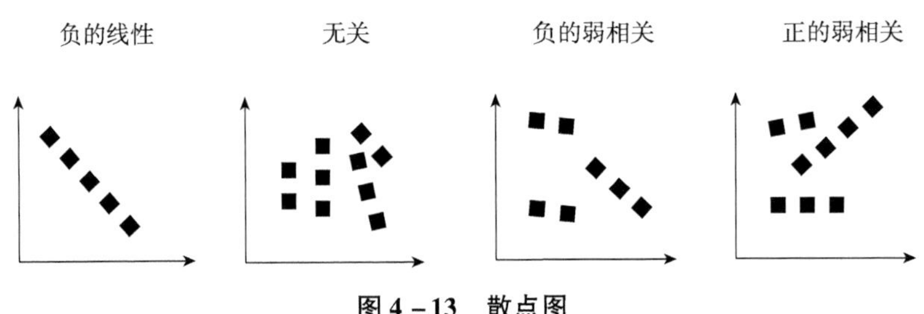

图 4－13　散点图

4.4.8　实验设计

这是日本质量管理大师田口宏一创建的质量优化工具，用于测定影响产品功能质量的各种变量要素的比值，并识别出对项目质量影响最大的变量，从而找出关键因素以指导项目质量计划的编制。

操作原理：

首先在产品质量要求和约束条件的基础上建立一个数量模型；

罗列出所有影响产品质量的变量要素，按经验值输入模型；

依次上下调整上述变量因素，同时对照产品质量要求，对输出的效果数据给予综合评估，直至所有的变量要素达到最佳比例组合从而产生最优化的效果值为止。

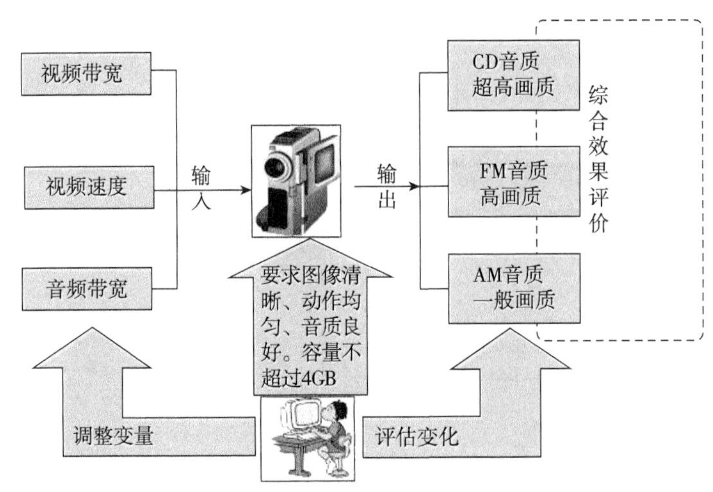

图 4－14　某学校制作电化教学的录像片实验设计操作

哲学阐述了质变和量变的关系，每一个大的质变无不经过细小的量变积累。关注过程中的质量变化趋势，对于质量掌控很有必要。项目质量控制工作是一种全过程的、把关性的质量管理活动，不仅是我们最容易理解的产品质量检验，而且要在整个项目的实施过程中进行事前、事中和事后控制，贯穿于项目的始终。项目的质量控制是最终提交合格的可交付成果的保障。差之毫厘，谬以千里。不去追究过程中每一个细小质量问题，哪来最终完美的结果呢？要想取得良好的项目质量，就必须做好过程中的各种质量控制。

第五节　项目范围控制

4.5.1　项目范围控制动因

为什么要进行范围控制呢？

根据前面章节所讲，我们利用 WBS 等方法确定好项目范围，同时做出项目成本预算和进度估计。换句话说，资源只有这么多，要完成的工作范围也是已经确定好的，那么要求我们做好并且只做项目范围内的工作，不多做，也不少做。因为多做，可能会导致资源缺乏，其他工作无法按时按量完成；少做，可能影响最终的可交付成果的质量，完不成项目目标。每个人的精力都是有限的，项目团队也一样，要求他们在做好项目工作的同时，还要去完成一些不相关对项目没有帮助的事情自然是不科学的。举个例子，每个班的班长如果不仅要管理整个班的日常秩序，同时还要兼任各个科目的课代表，完成和管理班级没有直接关系的课程任务，那么作为班长的人就算是有三头六臂也忙不过来，这也是为什么我们需要分配工作、各司其职的原因。

当我们发现在实际实施过程中，项目范围和计划出现偏差时，需要思考这种偏差是不是必要的，如果是，那么需要及时修改项目范围计划，因为项目范围的变更有可能会影响到对项目的成本预算和进度估计；如果不是，那么就要及时停止活动，及时止损，将资源和时间都用到关键的工作中去。

1. 范围变更的动因

范围的变更通常来自三方的压力，一是客户的压力，二是领导（老板）的压力，三是团队成员的压力。作为一个项目经理，必须天天面对来自这三方的压力。处理办法有两个：一是严格照章办事；二是借力抵力。如图 4－15 所示，项目范围变化控制的主要工作。

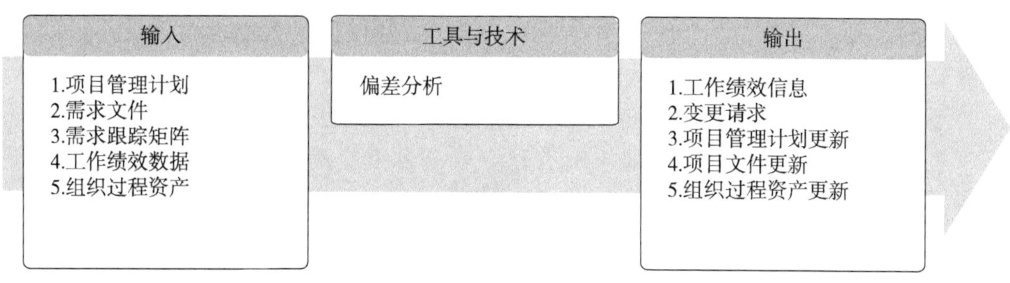

图 4－15　控制范围：输入、工具与技术和输出

控制项目范围确保所有变更请求、推荐的纠正措施或预防措施，都通过实施整体变更控制过程进行处理。在变更实际发生时，也要采用控制范围过程来管理这些变更。控制范围过程应该与其他控制过程协调开展。变更控制的产品或项目范围的扩大（未对时间、成本和资源做相应调整）被称为范围蔓延。变更不可避免，因此在每个项目上，都必须强制实施某种形式的变更控制。

2. 控制范围：工具——偏差分析

偏差分析是一种确定实际绩效与基准的差异程度及原因的技术。可利用项目绩效测量结果评估偏离范围基准的程度。确定偏离范围基准的原因和程度，并决定是否需要采取纠正或预防措施，是项目范围控制的重要工作。

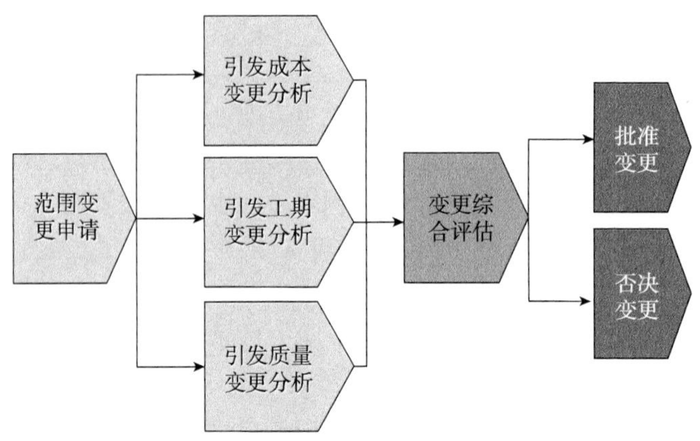

图 4－16　范围变更控制流程

4.5.2　项目控制中常见的挑战

项目经理在进行项目控制的时候力求使项目的进行保持在计划之中，但以下问题的出现，也会使项目控制面对一些挑战：

1. 项目经理自身不愿意承担过多的任务。实时进行项目监控并不是一件容易和轻松的事情，而且面对项目偏差需要有敏锐的识别能力，同时及时给予项目组反馈作出应对措施，整个过程需要耗费大量的时间和精力甚至是成本，因此，当项目经理自身不愿意承担这些工作的时候可能会导致项目控制工作不到位。

2. 没有建立全面的跟踪需求。要发现原始需求和可交付成果之间的偏差，尤其是质量标准上的差异，需要建立全面科学的跟踪需求，以便项目组可以随时监控需求上的差异，并且找到偏差产生的根源，做出相应的改变。

3. 没有建立变更程序。当我们发现项目偏差以后，并且分析出偏差产生的原因，那么下一步就是要做出应对措施。如果没有建立合理的变更程序，那么问题依旧是问题，没有解决方案，使项目控制空有其表。

4. 团队成员过于分散。当项目团队成员不在同一个地方工作，甚至过于分散时，有可能会出现信息滞后的问题，不利于项目组及时发现问题，解决问题。

第六节　项目变更管理

4.6.1　什么是项目变更

到底什么是项目变更呢？项目控制和项目变更有什么区别吗？

或许很多同学会觉得困惑，认为项目控制就是项目变更管理，这种观点尽管不准确但却也说明项目变更的作用不容忽视。

项目控制是为了可以及时地发现问题，而我们最终的目的是解决问题，也就是要做好项目变更管理。能否有效地管理项目变更的相关工作，尤其是项目范围，这是项目成功的关键因素，也是对项目经理进行考核的关键绩效指标。

1. 项目变更的定义

项目变更，是对关键成功因素（范围、进度计划、成本、质量和项目验收标准）的变更。

变更项目一定是不好的事情吗？

答案当然是否定的。就变更本身来说不存在好与不好，只要变更以后是对项目有利的，那么这种变更就是为完成项目目标而服务的，从本质来看，是有利的、可行的。只要那些不受控制的变更，或者说在预期之外的变更，才是不利于项目进行的。因为一个关键成功因素的变更必然会影响到其他因素，比如范围的扩大，有可能会导致成本和进度的变更，如果对这些变更不加以控制，那么就有可能使项目向失控的方向发展。

还记得我们之前提到的制订计划的例子吗？我们假设上午完成数学作业的时间超过了 1 个小时，而本来制订的计划是语文、数学、英语作业各 1 个小时，那么数学作业导致进度出现落后的状态，由于我们实时监控着计划的实施，所以及时发现了这个进度延后，那么接下来应该怎么办呢？如果想要上午的进度计划保持不变，那么意味着需要缩短完成语文和英语作业的时间，使得最终三科作业的完成时间在 3 个小时内。然而，这并不是一件容易的事情，因为我们提前不知道作业的难度和自己完成的速度。那么也许我们可以将上午完成作业的总时间安排向后推迟 1 个小时，这样可以保质保量地完成作业。那么这种变更对于整个项目来说，就是一种可控且有利的变更。

2. 项目变更的类型

虽然我们常常用范文变更来举例项目变更，但其实项目变更远远不止范围变更这么一个。正如项目变更的定义当中所提到的，范围、进度计划、成本、质量和验收标准这些因素的变更都属于项目变更，因此我们可以总结出常见的项目变更类型：

项目范围的扩大或减少。

项目进度的提前或延后。

资源成本的增加或减少。

质量的提高或降低。

项目目标的变更。

项目验收标准的变更。

项目预算的增加或减少。

因无法恢复的绩效偏差导致的重新设定绩效基准。

3. 项目变更的基本原则

（1）制订变更计划：提前制订好项目变更的计划，以便在需要进行项目变更的时候有章可循；

（2）建立变更控制系统：这是做好项目变更管理的关键（下一节将会详细介绍）；

(3) 项目干系人需要实时了解项目的情况；
(4) 确保使用建立的变更控制系统；
(5) 最小化范围变更：尽量减少变更；
(6) 进行有效沟通；
(7) 时刻保持警觉：对于可能对项目结果产生影响的因素进行时刻监控。

4.6.2 如何进行项目变更

说到这里，到底我们怎么进行项目变更呢？

1. 项目变更的一般步骤

项目变更管理并不是一项简单的工作，有时候甚至是项目经理最为头疼的环节，因为他需要时刻保持警觉和敏感度。简单地说，项目变更的一般步骤包括：

(1) 识别变更，也就是搞清楚要变更什么；
(2) 对变更后的影响进行分析；
(3) 设计变更的备选方案，不要只有一种变更方案；
(4) 提出变更申请；
(5) 征求各项目干系人的意见；
(6) 得到批准或被否决；
(7) 进行变更并追踪实施情况。

2. 建立变更控制系统

建立变更控制系统是项目变更的一个关键环节，而如何建立一个科学合理有效的变更控制系统，根据不同的行业、不同的项目，其细节会有所不同，但却遵循着共同的原则和一些必要的组成部分。

(1) 建立变更控制系统的好处

建立变更控制系统有什么好处呢？提前建立好一个科学的变更控制系统，有利于之后的项目变更有章可循，也就是发生项目变更的时候，知道自己为什么要作出这样的应对措施，也为项目经理做出的抉择提供依据和支撑，避免在真正发生项目变更的时候出现问题或冲突。项目管理追求不做没有把握的事情，换句话说，力图将所有可能发生的情况都考虑在前，同时制定好应对不同情况的措施，因此，变更控制系统的建立实际上也是对项目组成员的一种信心保障。

(2) 建立变更控制系统的关键原则

任何提出的项目变更都应当记录在案，并已经经过评估和审批；
项目干系人应当参与评估和审批过程；
评估变更请求，尤其是变更后对于项目其他因素的影响；
正式实施前，应当再一次提出申请，待管理层审批后进行；
要有严格的分工，且分工和流程应当满足所有项目干系人的需求；

(3) 建立变更控制系统的组成部分

变更请求表格；
唯一的识别编号；

变更请求跟踪日志；
变更控制委员会（CCB）。

表 4-7　变更请求表格（举例）

内容区	数据范围
识别区	变更请求编号（ID） 接收日期 修改日期 项目编号（ID） 项目名称 ……
变更提出人信息	提出人姓名 组织或部门 联系方式
变更信息	变更请求描述 变更原因
影响评估	受影响的环节 受影响的项目干系人 受影响的可交付物 估算成本的影响 进度计划的影响 ……
状态信息	状态（已提交、已分配、已评估等） 分配日期 决策（批准、拒绝等） 决策日期 ……
批准	批准签字

4.6.3　项目变更管理的挑战

尽管我们努力把项目变更的情况考虑得更加全面，但是在实施过程中仍然会面临一些问题和挑战。

1. 预期之外的变更

我们尽可能想到了可能会对范围、质量、进度、成本等产生影响的变更因素，但是难免会有不全面的地方，毕竟项目的唯一性使得我们所做的工作在很大程度上都是无迹可寻的，没有前人的经验可以借鉴，可能会出现考虑之外的一些变更因素。

2. 不够充分的影响分析

我们在项目变更管理中对项目变更可能引起的影响进行评估和分析，而这种影响是还没有真实发生的，是根据项目组成员的经验或是定量定性分析得来的，与实际操作过程中产生的影响可能会有所偏差，导致出现一些没有考虑在内的影响。

3. 项目经理不敢进行项目变更

有一些项目经理或许是出于中规中矩的性格，或许是因为怕承担责任，对于可能出现的项目变更总是不敢说 YES，不敢进行适当的项目变更，这样的行为容易导致不能及时提供充足的人力、物力以及时间上的支持，最终无法完成项目目标。

4. 项目经理随意进行变更

与上一点不同的是，有的项目经理又过于随意，对于一些可有可无的变更也总是考虑在内，这样容易导致成本超支、资源缺乏，或是出现进度严重逾期等情况，最终也会影响项目目标的完成。

第七节　项目风险管理

4.7.1　什么是项目风险

在了解项目风险之前，我们先来认识一下和风险相关的“墨菲定律”（Murphy's Law）。

即使训练有素的人员也会出现差错。在一个人与技术构成的系统中，差错应当认为是一种正常的现象，完全消除事故或者严重事故征候是不可能达到的。早在 1942 年，美国的航空工程师墨菲（Murphy）就提出了著名的墨菲定律，主要内容有以下四个方面：

1. 任何事都没有表面看起来那么简单；
2. 所有的事都会比你预计的时间长；
3. 会出错的事总会出错；
4. 如果你担心某种情况发生，那么它就更有可能发生。

“墨菲定律”的根本内容是“凡是可能出错的事有很大概率会出错”，指的是任何一个事件，只要具有大于零的概率，就不能够假设它不会发生。

因为“墨菲定律”的存在，让我们不能忽视风险的发生，因为你觉得可能会发生的事情，哪怕只有那么一点可能性，那么它就有可能真的发生。

想必大家都看过《中国机长》这部电影，在飞机起飞之前空乘人员会对飞机里里外外进行全面而仔细地检查，而这种检查日复一日，年复一年，只要起飞就会进行，一次次重复的检查都是为了那千分之一的概率不会发生，做好风险管理才不会被动地接受风险带来的损失。

1. 什么是风险

风险一定是不好的事情吗？目前，对于风险的定义，我们可以简单地分为广义和狭义两种。

狭义的风险，指的是损失发生的可能性，可能失去的东西或者可能遭受的损失。

广义的风险，指的是一种不确定的事件或条件，换句话说，一旦风险发生，可能会对目标产生积极或消极的影响。从这个含义上来讲，风险不一定带来的是消极的影响，也有可能是积极的一面，它是机会与威胁的结合体。

从广义的风险定义上来看，我们可以总结出风险的特点：

风险意味着损失或损害；

风险意味着一种不确定性；

风险主要是针对未来的；

风险是客观存在的；

风险是相对的，依赖于决策目标；

风险是预期和后果之间的差异。

2. 什么是项目风险

项目风险（Project Risk）是指由于项目所处环境和条件的不确定性，以及项目团队不能准确预见和不能控制的因素影响，使项目的最终结果与项目干系人的期望产生背离，并给项目干系人带来损失的可能性。

所以，项目风险的特点可以总结为以下几方面：

（1）项目风险的客观性，是指风险的存在是不以人的意志为转移的，不管风险主体是否能意识到风险的存在，风险在一定情况下都会发生。

（2）项目风险具有不可预见性，它的发生不是必然的。风险何时、何地发生以及风险对项目的影响程度都是不确定的。

（3）项目风险的相对性，是相对不同的风险管理主体而言的，项目风险管理主体承受风险的能力、项目的期望收益、投入资源的大小等因素都会对项目风险的大小和后果产生影响，因此项目风险是相对的。

（4）项目风险的可变性，包括项目风险的性质发生变化、项目风险的后果发生变化和新风险的出现。

（5）项目风险是分阶段发展的，而且各个阶段都有明确的界限。

（6）项目风险的对称性，对于风险主体来说，项目风险和收益是对等的，即收益是以一定的风险为代价的。

3. 什么是项目风险管理

当我们正视风险存在的客观性，以及风险管理的必要性以后，那么接下来我们要清楚的是，项目风险管理到底要管理什么？

进行项目风险管理，首先我们当然要明确自己的目标是什么，紧接着，在 WBS 的每一个工作包当中去仔细分析其中可能存在的风险（风险可能发生在成本、进度、范围、质量、人力资源、采购等各个方面），最后再根据分析出来的风险一一寻找应对的措施。

风险具有不可预知性，所以管理风险的难度也自然十分大，需要运用科学的方法，按照一定的程序进行。PMBOK 指南给出了项目风险管理的一般流程如下：

规划项目管理，编制风险管理计划；

识别风险，对可能影响项目的风险进行识别并记录；

实施风险分析，对风险发生后的影响进行定性和定量分析；

规划风险应对，确定应急措施；

实时监控风险，跟踪并及时更新风险应对计划。

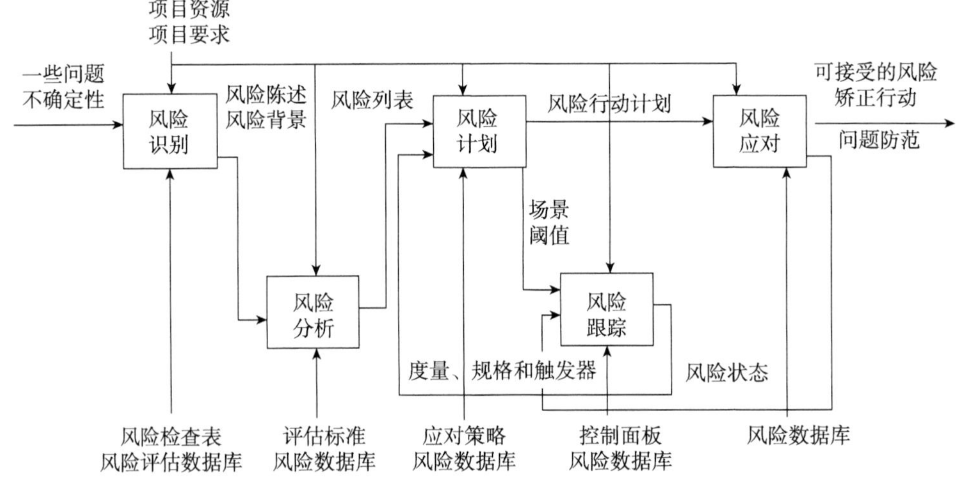

图 4－17　项目风险的管理过程

根据对风险处理的时点不同，我们可以划分为事前、事中、事后三个阶段对风险进行分析和管理：

事前风险管理："防患于未然"；

事中风险管理：将风险控制在可以承受的范围之内；

事后分析管理：危机管理。

表 4－8　项目风险存在的典型领域

典型领域	人	成本	计划	质量
典型风险	缺乏主动性和团队精神	劳动力过多	交货延期	劳动力质量差
	组织结构	物耗过多	错过市场机会	细节没完成
	制定策略的责任	供给过量	错过有利的途径	违反法律
	决定如何分工	罚款等	计划时间过长	没有试验过的新技术

如何识别项目风险（见图 4－18）。

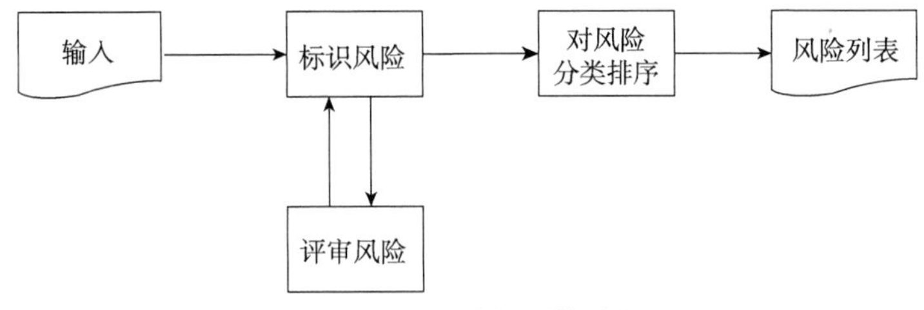

图 4－18　风险识别的过程

要对风险进行有效管理，制定出有效的风险应对措施，那么第一步是清楚项目到底存在哪些风险，同样是我们之前提到的理论，要解决问题之前必须先发现和找到问题所在，然后再对症下药。因此，风险识别的主要工作内容包括：

（1）识别并确定项目有哪些潜在的风险；

（2）识别引起这些风险的主要影响因素；

（3）识别项目风险可能引起的后果。

4.7.2　识别风险

识别风险的方法有很多，在这里我们介绍四种。

1. SWOT 分析法

因为第二章已经对其进行过介绍，所以这里我们简单讲解。

（1）道斯矩阵：列出项目的优势、劣势、可能存在的机会和威胁；

（2）SO 策略：内部优势 + 外部机会，抓住机遇，发挥优势战略；

（3）WO 策略：内部劣势 + 外部机会，利用机会，克服劣势战略；

（4）ST 策略：内部劣势 + 外部威胁，利用优势，减少威胁战略；

（5）WT 策略：内部劣势 + 外部挑战，弥补缺点，规避威胁战略。

表 4－9　道斯矩阵

	优势（列出自身优势）	劣势（具体列出弱点）
机会（列出现有的机会）	SO 战略	WO 战略
挑战（列出正面临的威胁）	ST 战略	WT 战略

2. 风险条目检查表

项目风险条目检查表是利用一组提问来帮助项目风险管理团队了解在项目和技术上有哪些风险。在风险条目检查表中，列出了所有可能的与每个风险因素有关的提问，使风险管理团队集中来识别常见的、已知的和可预测的风险。风险条目检查表可以以不同的方式组织，通过判断分析和假设分析，给出这些提问确切的回答。

表 4－10　风险条目检查表举例

签订	客户指定的需求和交付期限在客观上可行吗？							
	客户对产品的可靠性、性能等质量因素有非常过分的要求吗？							
	与客户签订的合同公正吗？双方互利吗？							
	客户的信誉好吗？例如按客户的需求开发了产品，但是客户可能不购买。							
外包商、供应商	与外包商、供应商签订的合同公正吗？双方互利吗？							
	外包商、供应商的信誉好吗？							
	外包商、供应商有可能倒闭吗？							
	外包商、供应商能及时交付质量合格的产品（或部件）吗？							
	外包商、供应商有能力做好售后服务吗？							

续表

管理风险								
风险类型	检查项	风险严重性	风险可能性	风险系数	识别检查结果（YES/NO）	风险描述	响应（☑接受 □避免 □减轻 □转移）	评审部门日期
项目计划	对项目的规模、难度估计是否比较正确？							
	人力资源（开发人员、管理人员）够用吗？合格吗？							
	项目所需的软件、硬件能按时到位吗？							
	项目的经费够用吗？							
	进度安排是否过于紧张？有合理的缓冲时间吗？							
	进度表中是否遗忘了一些重要的（必要的）任务？							

3. 德尔菲法

又叫作“反馈匿名函询法”，可用来获得专家的一致意见。

具体过程：首先就所要预测的问题征询专家的意见，然后对意见进行整理、归纳及统计，再以匿名的方式反馈给各位专家，并征求意见；然后再集中，再反馈，反复进行多次，直至各位专家得到比较稳定的意见。

特点：匿名性、背靠背、多轮、逐渐趋同。

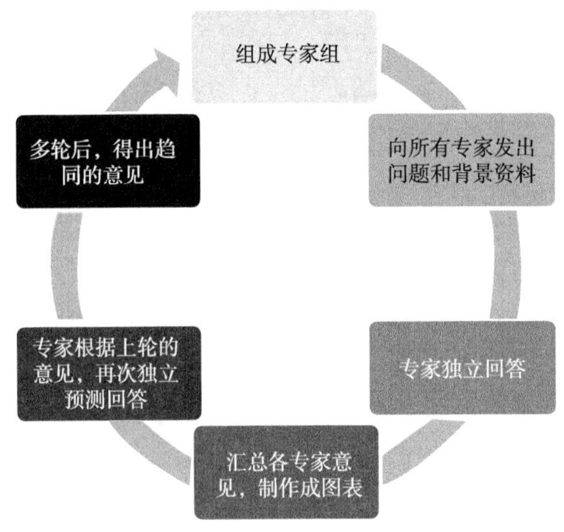

图 4－19　德尔菲法流程图

举例：你现在准备一场同学聚会，现在需要对同学聚会的时间进行商议，你决定采取德尔菲法进行商讨。

第一轮：不带任何说明，就同学们自己选择时间。

表 4－11　第一轮同学聚会时间选择

时间	“五一”小长假	国庆七天	平时某个周末	其他时间
人数（比例）	24%	25%	26%	25%

从表 4－11 中，我们可以看到各个时间段选择的人数比例比较趋同，很难从中去平衡或者说选择一个大家都信服的时间。

第二轮：反馈第一轮的调查结果，并且都作出自己的评价。

比如：“五一”小长假优点是时间合适，长度适中，缺点是不能和家人去短途旅行；

平时某个周末优点是不占用过多假期时间，缺点是时间紧且难以协调。

表 4－12　第二轮同学聚会时间选择

时间	“五一”小长假	国庆七天	平时某个周末	其他时间
人数（比例）	64%	30%	3%	3%

经过第二轮的投票，明显选择“五一”小长假的人数占据了较大比例，所以可以通过这样的一个投票结果，将时间确定为“五一”小长假，这也是符合民意的一个结果。

4. 头脑风暴法

在讨论某个问题时，由一名记录员翻动记录卡或在黑板前做记录，由项目团队中的成员说出自己的意见，接着轮到下一个出主意，该过程不断进行，每人每次想出一个主意。这种方法偏重于主张和想法的数量，而不是质量，鼓励成员有新奇或突破常规的意见。

采取头脑风暴法的时候，要注意遵循两个原则：

（1）项目团队成员之间不进行讨论，仅仅发表自己的观点；

（2）不对任何观点进行评价，鼓励成员们多说出自己的想法。

通过以上四种方法，可以对项目进行一个风险识别，而风险识别的成果包括：

风险来源表：列举所有可能发生的风险，以及来源、可能的后果、发生的时间、次数等；

风险分类或分组；

描述风险症状：对风险进行描述以便项目管理人员及时发现与控制风险；

对项目管理其他方面的要求：在风险识别过程中可能会发现与项目管理的其他方面问题需要完善的地方，也要在风险识别结果中加以体现。

表 4－13　项目风险清单

风险变量	风险描述	负责人
市场风险	新产品的预计销售量不能实现的可能性	
技术风险	项目设计错误、遗漏和误解	
组织风险	项目团队成员角色和责任的理解有误，缺少合格的团队成员等	
促销风险	进行投资的资金在促销活动中损失的可能性	

续表

风险变量	风险描述	负责人
财务风险	项目的收益将不能偿还贷款，因而不能盈利的可能性	
社会政治风险	政治动乱，比如罢工、暴乱、战争、恐怖主义、宗教混乱等	
成本估计风险	项目将超支的可能性	
进度风险	项目将延期的可能性	
操作风险	设备不能完全发挥功能	
整合风险	项目发起者、项目团队、工会等各个独立的实体不能有效合作的可能性	
意外事件风险	如海运设备到国外时，在巴拿马遭遇海盗入侵等	

4.7.3 项目风险分析

项目风险分析以项目风险识别为基础，对其进行定性、定量分析。

为什么识别风险以后，不能直接制定相应的风险应对措施，要进行风险分析呢？

这是因为项目的资源是有限的，风险的发生存在于各个环节和各个方面，如果要对所有的风险进行一个处理和应对必定耗费巨大的人力、物力以及时间成本，所以我们要对风险进行一个分析，按照对项目成果的影响程度进行一个分类，以优先级别的风险优先制定风险应对措施。

1. 项目风险的度量

项目风险度量首要任务是分析和估计项目风险发生的概率，即项目发生风险的可能性大小量值。在项目风险的实际评估中，通常把风险划分为低风险、中等风险、高风险3个级别：

$$0 \leq P(A) \leq 1$$：代表任一随机事件

表 4-14 项目风险后果的度量

准则	成本	进度示例	技术目标
低	低于1%	比原计划落后1周	对性能稍有影响
中等	低于5%	比原计划落后2周	对性能有一定的影响
高	低于10%	比原计划落后1个月	对性能有严重影响
关键的	10%或更多	比原计划落后1个月以上	无法完成任务

2. 项目风险定性分析

对所有已经识别出来的项目风险进行定性分析，主要是通过主观分析，来确定项目的总体风险级别以及风险的优先级排序。

如果总体风险级别太高可以建议取消项目，如果总体风险级别可以接受，那么再将已识别的所有风险进行优先级排序。

表 4－15　风险发生概率的定性等级

概率等级＼影响等级	Ⅰ（灾难性的）	Ⅱ（严重）	Ⅲ（轻度）	Ⅳ（轻微）
A（极高）	1	3	7	13
B（高）	2	5	9	16
C（中）	4	6	11	18
D（低）	8	10	14	19
E（极低）	12	15	17	20

表 4－16　风险影响评级

评估一个风险对项目主要目标的影响					
项目目标	非常低 0.05	低 0.1	中 0.2	高 0.4	非常高 0.8
成本	不明显的成本增加	成本增加小于 5%	成本增加介于 5%～10%	成本增加介于 10%～20%	成本增加大于 20%
进度	不明显的进度	进度拖延小于 5%	项目整体进度拖延 5%～10%	项目整体进度拖延 10%～20%	项目整体进度拖延 20%
范围	范围减少几乎察觉不到	范围的次要部分受到影响	范围的主要部分受到影响	范围的减少不被业主接受	无项目最终产品
质量	质量等级降低几乎察觉不到	只有某些非常苛求的工作受到影响	质量的降低需要得到业主批准	质量降低不被业主接受	项目最终产品实际上不能使用

表 4－17　概率—影响矩阵

对某一具体风险的评估					
概率影响	非常低 0.05	低 0.1	中 0.2	高 0.4	非常高 0.8
0.9	0.05	0.09	0.18	0.36	0.72
0.7	0.04	0.07	0.14	0.28	0.56
0.5	0.03	0.05	0.1	0.2	0.4
0.3	0.02	0.03	0.06	0.12	0.24
0.1	0.01	0.01	0.02	0.04	0.08

通过定性分析，要将其结果写进风险登记册，例如，项目风险的优先级排序；近期需要应对的紧急风险；需要进一步做定量分析的风险等。

3. 风险定量分析

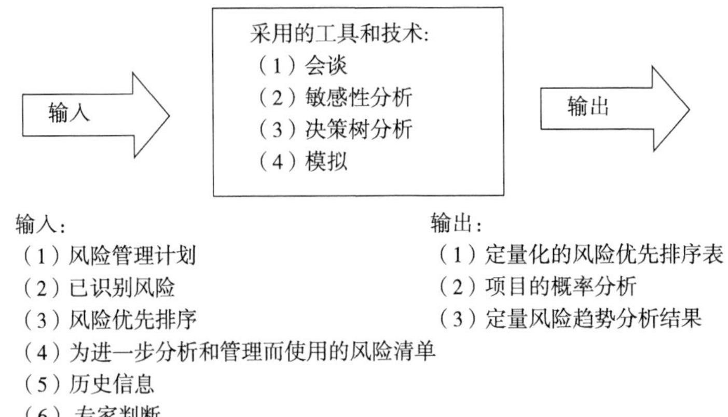

图 4－20　定量风险分析管理过程

决策树：(期望货币值)

说明不同决策之间和相关偶发事件之间的相互作用的图表。其分支用方格代表决策，用圆圈代表偶发事件。

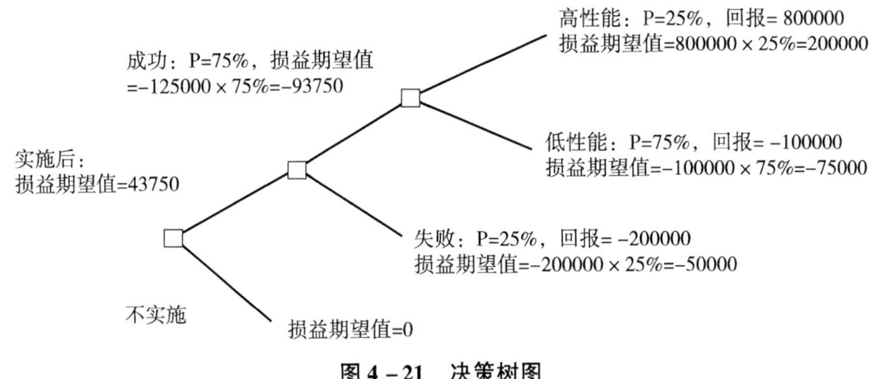

图 4－21　决策树图

4.7.4　项目风险的应对

对项目风险进行识别和分析以后，接下来就是制定项目风险的应对措施。对于正面和负面的风险，我们提出不同的应对措施。

1. 面对正面的风险

开拓。为项目分配更多的资源，以便可以缩短完成时间或者超过预期的高质量，确保机会肯定实现而消除与特定积极风险相关的不确定性。

分享。建立风险分享合作关系，将风险的责任分配给最能为项目之利益获取机会的第三方。

提高。促进或增强机会的成因，提高其发生的可能性。

2. 面对负面的风险

回避。改变项目计划，以排除风险或条件。从项目风险管理“20/80”规律可知，项目所有风险中对项目产生 80% 威胁的只是其中的 20% 的风险，因此要集中力量去规避这

20%的最危险的风险。

转嫁。对于那些不能接受又不能回避的风险可以采取风险转移策略，就像我们购买保险一样，其实就是通过缴纳保费，将风险发生的损失转嫁给保险公司。

减轻。主动出击，采取一定的方法来把风险发生的可能性或影响程度减轻到最低。例如，对产品进行多层次全方位的检查，减少质量不过关这种风险发生的可能性。

第八节　项目冲突管理

4.8.1　什么是项目冲突

冲突是双方感到矛盾与对立，是一方感觉到另一方对自己关心的事情产生或将要产生消极影响，因而与另一方产生互动的过程。而项目冲突，是组织冲突的一种特定表现形态，是项目内部或外部某些关系难以协调而导致的矛盾激化和行为对抗。

项目环境最为突出的特征即冲突。因此，项目经理有时也被称为冲突经理，要在项目实施过程当中随时随地解决项目冲突。

在对项目冲突进行管理之前，我们要回答这样几个问题：

项目的目标是什么？他们与其他目标冲突吗？

冲突为何发生？

我们怎样解决冲突？

在冲突发生前，有没有预先可以识别冲突发生的可能性？

4.8.2　什么导致项目冲突

一般来说，项目冲突产生的原因主要有以下几方面。

沟通差异：有效的沟通有利于项目目标的推进，而无效的沟通是产生冲突的主要原因，同时，人们在看待事物时存在“知觉差异”，也就是习惯从主观角度来看待事物，这也是激发冲突的原因之一。

角色混淆：如果每位项目成员都各司其职，那么也可以保证项目的顺利实施。但在实际操作过程中并非如此，项目成员之间的角色混淆、失职等行为容易导致项目冲突的产生。

项目中资源分配及利益格局的变化：由于利益驱使，既得利益者和潜在利益者之间的矛盾也是产生对抗和冲突的原因之一。

目标差异：项目成员对于项目工作的目标差异可能来自不同的价值观，不同的成长背景，抑或是不同的利益，而这种差异也是冲突产生的原因所在。

4.8.3　项目冲突的影响

实际上，产生冲突不一定是坏事，有时候也可能带来正面的效应，即建设性冲突和破坏性冲突。企业有时候需要建设性冲突，管理者在一定程度上激发冲突其实是有助于项目目标的完成。例如，建立竞争机制，面对利益，成员之间可能会产生冲突，但是这种冲突如果带来的是良性竞争，不仅有利于项目成员的个人发展，也有利于项目目标的完成。当然，破坏性的冲突可能会破坏项目组的和谐，打破项目平衡，当矛盾激化到一定程度时，将会影响项目的进展。

4.8.4 如何有效地解决项目冲突

一般来讲，管理和解决冲突有以下几种模式：

撤退、缓和、妥协、强制、面对。

具体来讲，解决冲突有以下几种方法：

回避或撤退；

逼迫或强制；

圆滑；

妥协；

面对；

仲裁或裁决；

沟通和协调；

发泄。

综合练习

一、选择题

1. 在质量管理中如何使用流程图？（　　）

A. 流程图可以帮助识别不在岗位的人

B. 流程图可以帮助预见问题

C. 流程图可以帮助确定职员的职责

D. 流程图可以帮助稍后作出反应

2. 你们公司是鸡肉加工商，最近你们公司在产品方面出现了一些与健康有关的恐慌。在不同的地理区域发生了一些相互独立的事件，但这些事件都是在相同的3个星期内发生的。公司过去从来没有产品安全性方面的顾虑，而且相信其检验系统不存在任何问题。但是，公司最近引入了一个新的加工系统。你是这个系统的项目经理，现在，你被要求领导一个团队来调查情况并实施任何所需的变更。为了帮助你分析这个新的过程，你和你的团队决定使用以下哪一种技术？（　　）

A. 系统流程图　　B. 试验设计　　C. 帕累托图　　D. 控制图

3. 项目实现值分析数据如下：EV = 523000；PV = 623000；AC = 643000；下列哪个结果是正确的？（　　）

A. CV：+120000；SV：+100000　　B. CV：+100000；SV：+120000

C. CV：-100000；SV：-120000　　D. CV：-120000；SV：-100000

4. 谁对项目的质量管理负责？（　　）

A. 项目领导　　B. 质量控制部门　　C. 项目经理　　D. 团队成员

二、简答题

假设完成一个工作包的任务需花费1500元，并于今日完成，然而到目前为止我们实际花费了1350元，并完成了工作的2/3，请计算成本偏差和进度偏差。

三、案例分析

某项目计划工期为8年，预算总成本为1600万元。在项目实施过程中，通过对成本的核算和有关成本与进度记录得知，在开工后第4年年末的实际情况是：开工后第4年年末实际成本发生额为400万元，所完成工作的计划预算成本额为200万元。与该项目预算成本比较可知：当工期过半时，项目的计划成本发生额应该为800万元。

试分析该项目的成本执行情况和计划完工情况。

第五章　项目收尾

任何事情的发生都有其特定的原因，也有其必然的结果。一件完整的事情，必然包括“头”和“尾”，即开始与结束。我们都知道一个成语“虎头蛇尾”，意思是头大如虎，尾细如蛇。比喻开始时声势很大，到后来劲头很小，有始无终，做事不始终如一。生活中很多人常常以这种方式做事，一开始激情满满，做着做着就失去了原有的积极性，结果就是事情没有圆满完成。

导入案例

图 5－1　SIM 卡

我们都知道如果手机卡不用的话，运营商会在有效的时间里自动注销，有效的时间一般会是三个月。不过，我们要知道的是，在这段时间里，系统会自动扣除每个月的套餐费用，直到注销为止（超过三个月则自动注销）。现在手机号全国联网，虽然不用的号在别的地方不能办理各种业务，但是手机号的欠费状态，黑名单记录却能查出来。而且一旦出现欠费，则需要补齐欠款，才能办理新的 SIM 卡。更糟糕的是，出现“欠费不还”的情况后，还会影响自己的信用度，对以后与银行业务来往、工作造成极大的影响，最终影响你办理信用卡，甚至是办理车贷和房贷，严重者则有可能被三大运营商拉入黑名单，不可再办理运营商所有的业务。从项目管理的角度分析，出现这类事情是没有及时对项目做正式收尾。在我们办理手机卡时相当于已经签订合同，即使不再使用该手机卡，但是与运营商的合同关系并没有结束。只有通过一些正式的工作，比如填写申请表格并携带身份证去注销，才能结束与运营商之间的合同关系。

思考与讨论

1. 如何正确地结束项目？
2. 如何正确使用项目结束清单来保证项目成功地结束？
3. 结束项目时要战胜的常见挑战有哪些？
4. 合同和项目能够结束的不同原因有哪些？

本章内容提要

1. 结束项目是什么？
2. 结束项目的工作内容是什么？
3. 项目可交付成果管理的方法。
4. 项目中的期望与问题管理。
5. 项目后评价。

思维导图

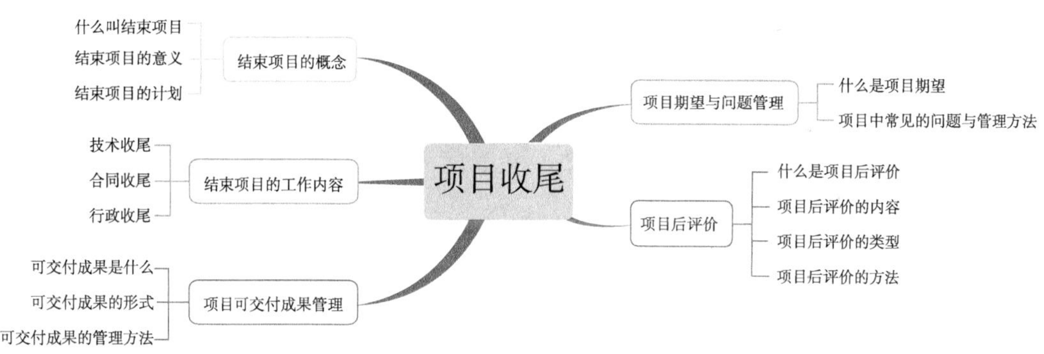

图 5－2　思维导图

第一节　结束项目的概念

5.1.1　什么叫结束项目

项目结束是终结一个项目或项目阶段的管理工作过程。这个过程就是指进行正式的活动，按照规范正式的程序，将项目结束。项目无论是正常结束还是提前完结，无论项目的绩效是否达到预期目标，都需要进行正式结束项目的这个环节。总而言之，无论项目结果如何，项目都需要一个健康良好的周期，所以结束项目是至关重要的。

5.1.2 结束项目的意义

结束项目是项目管理过程的最后一个阶段的工作。结束项目可以为项目组织提高项目管理水平和提供持续改进的办法。一方面，在项目实施中，每完成一个项目管理过程（阶段），就会让项目组织和从事项目管理过程组管理的人员获得经验，从而可以在以后的项目实践中改进工作，提高组织和个人绩效。另一方面，组织完成一个项目，项目管理水平也将得到不同程度的提高。但是需要记住，项目管理是一个过程，这一切不是自然而然产生的，而是基于一个基础，即对初始水平每一个项目管理过程和每一个项目完成的项目阶段或项目数目都进行积极主动的结束项目工作，总结经验，进行知识积累。

5.1.3 结束项目工作也需要计划

兵法云，兵马未动，粮草先行。比喻在做某件事情之前，提前做好准备工作。在项目管理工作时我们也需要“兵马未动，粮草先行”。比如在项目工作中的“粮草先行”就要体现在我们的工作计划中。没有计划就毫无效率可言，有了一个完美的工作计划，我们就能在后面的工作中统筹安排、提高效率、节约时间。

制订项目计划时，除了考虑项目实施工作以外，也要考虑如何结束项目，甚至在启动项目时，就需要考虑将来如何结束项目。结束项目与实施项目同样重要，都会为项目干系人带来重要价值。但是，人们常常忽略结束项目工作的重要性。项目实施工作会产出看得见的可交付成果，对本项目的完成有直接作用，其价值容易被人们重视；而结束项目工作的许多活动，如经验教训总结，其价值却不太容易被人们所认识。因为经验教训总结的效益，可能在项目结束以后很长一段时间才能在别的项目上显现出来，这与人们倾向于抓住眼前利益的愿望相矛盾。

在项目计划阶段，应该对未来的结束项目工作编制框架性计划，包括程序参与方、主要考核指标等。然后，在结束项目工作开始时，再召集主要项目干系人，一起商讨与编制详细的结束项目计划（项目收尾计划）。

5.1.4 什么时候结束项目

不仅在整个项目全部完成时需要进行收尾，在项目的某个阶段结束时，也需要对本阶段的工作进行收尾。所以，结束项目工作是贯穿在整个项目周期中的。

在我们的学习生涯中，也需要做结束项目阶段的工作，就像每个学期的期中、期末都会有考试一样。通过考试这一正式的环节来验收我们每段时间或者这一学期的学习成果。以便每个阶段的成果得到验收，每个阶段的经验教训得到总结。

结束项目与结束项目阶段工作的性质是一样的。如果发生以下情况之一，就需要启动结束项目工作：

（1）项目的目标已经成功地实现，项目的结果（产品或服务）已经可以交付给项目投资人或转移给其他第三方；

（2）项目严重地偏离了其进度、成本或性能目标而且即使采取措施也无法实现预定的目标；

（3）项目投资人的战略发生了改变，该项目必须舍弃；

（4）项目无法继续获得足够的资源以保证项目的持续；

（5）项目的外部环境发生剧烈变化，使项目失去了继续下去的意义或根本无法持续下去；

（6）项目因为政策、法律或一些项目组无法控制的因素而被迫无限期地延长；

（7）项目的关键成员成为不受欢迎的人，而又无法找到替代者；

（8）项目目标已无望实现，项目工作开始放慢或已经停止。

项目实施过程中可能会出现以上这些情景中的一种或多种，而有时候各种情景的界限并不总是那么清晰。这些情景只是为找到不可避免的项目结束问题提供了一个框架。

项目的最后执行结果只有两个状态：成功与失败。相应地，项目进入结束阶段后，能够采用两种方式来结束项目：正常结束和非正常终止。在项目进入正常结束阶段时，应对项目进行项目竣工验收和后评价，实现项目的移交和清算。当采用非正常终止方式对项目进行收尾时，要综合考虑影响终止项目的决定因素，制定并执行项目终止决策，处理好终止后的事务。

第二节　结束项目的工作内容

前面我们说到做任何事必然包括“头”和“尾”，即开始与结束。一个项目的完结不仅是将项目内容完成即可，最后还需要一系列特定的工作来将项目结束。比如，西游记中唐僧师徒四人西天取经就像是一个团队完成项目一样，并不是完成九九八十一难的考验就能取得真经。其取经团队初到西天想向佛祖交付完结项目，佛祖细审团队项目工作，发现只完成了八十难，差了一难。取经团队又将剩余一难的工作完成后，再经佛祖特殊的审核验收工作后才取得了真经，达到项目最终完结的目的。

结束一个项目需要一个特殊的流程，我们把这个流程叫作项目收尾。项目收尾中具体的流程如表5－1所示。

表5－1　项目收尾流程

输入	工具和技术	输出
1. 项目管理计划 2. 合同文件 3. 事业环境因素 4. 组织过程资产 5. 工作绩效信息 6. 可交付成果	1. 项目管理方法系统 2. 项目管理信息系统 3. 专家审核	1. 行政收尾程序 2. 合同收尾程序 3. 最终产品、服务、结果 4. 组织过程资产（更新）

其中，组织过程资产包括正式验收文件、项目档案、项目收尾文件、历史信息。

正式结束一个项目，通常需要做三个方面的工作，即技术收尾、合同收尾和行政收尾（见图5－3）。

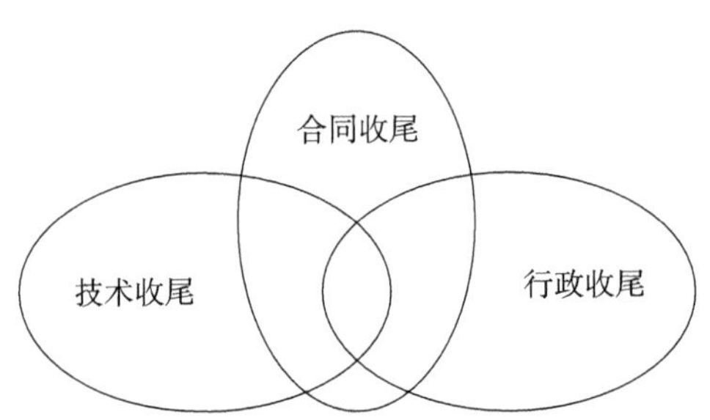

图 5-3　技术收尾、合同收尾和行政收尾

5.2.1　技术收尾

1. 技术收尾的概念

技术收尾是指按项目计划的要求对项目可交付成果进行正式验收和移交。项目技术收尾的主要目的是检验项目产品是否满足项目客户（投资人）的要求，并在验收合格之后向客户（投资人）移交项目产品和相关资料。如果项目产品符合他们的要求，他们愿意正式接受项目产品，就表示项目验收合格。在项目开发过程中产生的与项目产品有关的技术资料、文件，也需要验收和移交，如设计图样、软件说明书等。

对于由不同项目阶段构成的项目，当某个阶段完成时，需要及时地向下阶段使用该阶段产品的内部客户进行技术收尾，获得他们的认可；需要及时向他们进行解释、说明，甚至提供培训等。

2. 验收与移交

当项目工作包完工时，需要进行及时的技术收尾工作，比如检验工作包是否符合要求、是否达到质量标准，工作包的资料是否完整等，同时向工作包的客户正式移交，获得他们的认可。这些不是在项目完工时进行的产品验收和移交工作，称为阶段验收或单项工程验收。

如前所述，验收可以是对整个项目成果的验收，也可以是对某阶段成果或某单个成果的验收。验收是指主要项目干系人（特别是客户和投资人）按项目计划的要求对项目成果进行检查和检验，确认是否符合要求，并出具是否予以接受的书面文件。

在很多项目上，通过验收是项目成果移交和支付项目工程款的先决条件之一。商品房销售中，房地产开发商向购房者交房的一个重要先决条件是建筑物验收合格。关于验收，项目计划中应该规定以下方面：

验收对象：对具体的成果进行验收。

验收时间：规定具体时间进行验收。

验收人员：确定主持和参与验收的专门人员。

验收方式：采用什么检查和检验手段来验收。

验收程序：按一定的步骤来进行验收。

验收结果：以一定格式发布验收结果，包括具体内容，专人签字。

对通过验收的项目成果，应该向项目团队的内部或外部客户办理正式移交手续。阶段或单个项目成果，通常向内部客户移交；最终的项目成果，通常向外部客户移交。对于如何移交，也需要在项目计划中做出如同关于验收的类似的规定。通常以书面移交文件的签署（由交接双方和见证方人员签字）标志移交工作的完成。

3. 技术收尾举例

不同的项目，技术收尾的复杂程度也不同。有些项目的技术收尾工作比较简单，如学校资助的科研项目，研究者需要写一个结题报告，并且通过结题答辩会；硕士论文写作项目，研究生需要提交论文，填写有关表格，然后学校组织有关专家对论文进行评阅并组织学生答辩。这两种项目，通过答辩就标志着技术收尾的完成。

有些项目的技术收尾工作则比较复杂，如软件开发项目、建筑工程项目等。无论是项目完工或项目阶段结束时，在移交项目产品之前，都需要对项目产品进行许多技术测试，向客户展示项目产品已经符合技术要求，并能够交付使用。这些测试可能本身就是比较复杂的技术工作，而且需要花费较多的成本和时间。有些项目（如软件开发）还要求在技术收尾阶段向客户进行操作、维护等方面的培训，以便客户将来更好地使用项目产品。例如，某软件公司为某贸易企业开发专用的管理信息系统，项目开发完成后，不仅需要试运行，而且软件公司还要为贸易公司提供信息系统使用培训。

5.2.2　合同收尾

1. 什么是合同收尾

合同收尾是把项目上的每个合同都了结，包括工作完成、产品验收和移交、价款结算和争议解决等。

合同收尾过程支持项目收尾过程，因为两者都涉及验证所有工作和可交付成果是否可以接受的工作。合同收尾过程也包括诸如对记录进行更新以反映最终结果，将更新后的记录进行归档供将来项目使用的管理活动。合同收尾考虑了项目或项目阶段适用的每项合同。

在多阶段项目中，合同条款可能仅适用于项目的某个特定阶段。在这些情况下，合同收尾过程只对该项目阶段适用的合同进行收尾。在合同收尾后，未解决的争议可能需进入诉讼程序。合同条款和条件可规定合同收尾的具体程序。

合同提前终止是合同收尾的一项特例，可因双方的协商一致产生或因一方违约产生。双方在提前终止情况下的责任和权利在合同的终止条款中规定。依据这些合同条款和条件，买方可有权随时有因或无因终止整个合同或部分项目。但是，基于这些合同条款和条件，买方可能需要就此对卖方的准备工作进行赔偿，并就与被终止部分相关的已经完成和被验收的工作支付报酬。

2. 合同收尾的依据

a. 采购管理计划。

b. 合同管理计划。

c. 合同文件。

d. 合同收尾程序。

3. 合同收尾的工具与技术

a. 采购审计。

采购审计指对从采购规划到合同管理的整个采购过程进行系统的审查。其目的是找出可供本项目其他采购合同或实施组织内其他项目借鉴的成功与失败的经验。

b. 合同档案管理系统。

4. 合同收尾的程序

合同收尾程序包括结清与了结项目的所有合同协议，以及确定配合项目正式行政收尾的有关活动时需要的所有活动与配合关系。

合同收尾开始之前，应该制订合同收尾程序，规定合同收尾需要开展的活动以及在收尾工作中，项目团队成员、客户、买方和卖方以及其他项目干系责任人。有些合同中，已经规定了主要的合同收尾活动及程序，只需遵照执行即可。如果合同中没有相关的规定，合同双方应该在适当时候协商确定合同收尾活动与程序。

通常，合同收尾的程序包括以下方面：

a. 确认和验收已经完成的合同工作和可交付成果。

b. 移交可交付成果和相关资料。

c. 解决所有未决事宜。

d. 确认最终的价款结算。

e. 支付最终的剩余价款。

f. 解除有关合同担保。

g. 出具关于合同结束的书面证明。

5.2.3 行政收尾

行政收尾是指对项目工作进行全面、系统和深入的回顾，进行完工后评价，考察“如果有机会重新做该项目可以如何改进”，把有关经验教训提炼出来并形成文档，并使它成为“组织过程资产”的一部分。

1. 行政收尾的对象

行政收尾是建立和制定将项目产品或服务移交生产或运营的程序，其处理的对象如下：

a. 确定利害关系人批准变更和所有级别可交付成果所要求的行动与活动。

b. 确认项目已经满足所有赞助人、客户和其他利害关系人的要求，核实所有可交付成果依据提供并验收，依据确认项目已经达到完工与退场的条件。

c. 达到项目完工或退场标准所必须进行的各种活动。

2. 行政收尾与合同收尾的联系与区别

a. 行政收尾是项目和项目各阶段的，不仅整个项目要进行一次行政收尾，而且每个项目阶段结束时都要进行相应的行政收尾；而合同收尾是针对合同的，每个合同需要而且只进行一次合同收尾。

b. 从整个项目说，合同收尾发生在行政收尾发生之前；如果是以合同形式进行的项目，在收尾阶段，先要进行采购审计和合同收尾，然后再进行行政收尾。

c. 从某一个合同的角度说，合同收尾又包括行政收尾，即合同的行政收尾。

d. 行政收尾要由项目发起人或高级管理层给项目经理签发项目阶段结束或项目整体

结束的书面确认，而合同收尾则要买方的采购管理员向卖方签发合同结束的书面确认。

第三节　项目可交付成果管理

5.3.1　什么是可交付成果

可交付成果，英文 Deliverables，是项目管理中的阶段或最终交付物。它是为完成某一过程、阶段或项目而必须交付的任何独特、可验证的产品、成果或提供服务的能力。

在项目管理中，始终都非常关注交付成果。完成全部交付成果，就意味着覆盖了全部的项目范围，所有的项目活动、项目资源，都是为了有效完成这些交付成果而发生的，交付成果在很大程度上反映了项目目标的要求。

5.3.2　可交付成果的形式

每一个项目的可交付成果都是不一样的，项目各方会在达成合作前定义最终的可交付成果。因此，可交付成果的形式是多种多样的，有些是有形的，可直接验证的；而有些则是无形的，抽象的服务。

IT 项目可交付成果

一般来说，一个 IT 项目的可交付成果可以是文档、端口、一个系统架构、一个完整的系统等。

工程项目可交付成果

对于一个建筑工程项目来说，可交付成果可以是以实物形式呈现的整栋楼，也可以是一个装修成果。并且在项目周期的不同阶段，可交付成果表现形式也有不同。

(1) 在项目策划和决策阶段，项目建议书、可行性研究报告以及方案设计图纸等是咨询工程师提供咨询服务的可交付成果。

(2) 项目准备阶段产生的可交付成果包括：项目实施的整体规划、项目采购计划、项目的招标文件、初步设计及详细设计图纸等。

(3) 在项目实施阶段，承包商建造完成的土建工程、电气工程、给排水工程以及已安装的生产设备等是阶段性的可交付成果；整个项目的交付使用，则是承包人最终的可交付成果。

(4) 项目总结阶段的可交付成果主要是项目验收报告、后评价报告。

总之，不同的项目就有不同的可交付成果形式。

5.3.3　可交付成果的管理方法

跟踪每个项目活动与可交付成果的时间与进度。汇总项目每一步的完成率与可交付成果，并且按照时间提醒有受影响的相关人员。

时刻跟踪，原计划时间、最新的计划时间与实际完成时间，如有任何时间差异都要进行记录以方便项目管理人员及时发现问题。最好跟踪项目计划的多个基线并记录，保留每个基线记录的版本以供项目人员随时查看和对比。这样能帮助企业全面有效地管理项目层及活动层收入和成本的预算，并实时跟踪和汇总实际的收入和成本，包括项目工时成本，各项项目费用，采购订单，开票与回款等。

进行全面严谨的质量标准评估，帮助项目经理有效地制定质量衡量标准，计算质量偏差和管理最终可交付成果。项目经理在可交付成果生成和最终确定两个阶段，及时检查与审批规则以更好地控制项目可交付成果的质量。

现状调查，可帮助项目经理及时发现项目问题和可交付成果的质量问题以快速做出准确的决策。实时记录更新项目所有质量标准信息，质量检查与审批信息以及现状调查信息，这样所有项目人员都能快速查看。

对可交付成果的查看与审批进行良好迭代管理，能帮助项目人员有效地进行迭代需求沟通。

团队沟通并实时提供团队沟通信息，充分发挥团队智慧，做出更有效的项目决策。在项目沟通管理中如果具有灵活性、准确性与实时性，能帮助项目尽量地减少误解，提高团队合作效率。

资源管理上，可按照区域、部门、项目以及活动进行资源实时记录，方便查找、申请、分配并跟踪所有资源的使用情况，同时资源均衡管理以更好地管理和调用资源。

项目会计，需做到定义项目的收入与成本分类并链接到对应的合同，根据销售订单与合同计算项目收入，根据工时表计算项目人工成本，根据销售订单和合同的付款规定统计客户发票，根据采购订单与合同计算采购成本，根据费用报告计算各项费用。根据采购需求和采购订单自动检查供应商的发票，开票时间与逾期管理，实时地汇总项目的收入与成本，检查预算与实际的偏差并支持重新制定预算，把项目的收入与成本关联到企业的收入与成本。

第四节　项目期望与问题管理

5.4.1　项目期望

期望，是指人们对某样东西的提前勾画出的一种标准，达到这个标准就是达到期望值。那么顾名思义，项目期望就是我们希望项目要达到某一标准。

5.4.2　项目中问题的管理

项目管理中的常见问题：

项目经理缺位。项目经理是一个项目能运转起来的灵魂，项目经理能否充分行使自己的权利，履行自己的职责，是项目成败的重要因素。

缺少中间管理。很多项目前紧后松，或前松后紧，都不利于监控项目的进展，无法对项目质量做连续跟踪。

缺少知识管理。项目的会议记录，表格、清单、里程碑成果，都是项目过程中非常重要的知识资产。要建立项目知识管理的意识，并通过机制加以审核。

项目成果交付不完备。很多项目只交付了成果报告，但是操作性部分交付不彻底，必要的培训做得不够，导致接受人无法落地。

项目团队成员投入度不足。项目管理通常是虚拟团队的形式，团队成员要同时承担实线和虚线两条线的工作。这也容易导致项目成员主动性存在问题。

项目落地缺乏跟踪。做项目最怕的是文档一大堆，到最后变成了一堆废纸。项目要建立跟踪机制，真正把项目落到实处。

第五节　项目后评价

5.5.1　项目后评价

项目后评价是指对已经完成的项目或规划的目的、执行过程、效益、作用和影响所进行的系统的客观的分析。通过对投资活动实践的检查总结，确定投资预期的目标是否达到，项目或规划是否合理有效，项目的主要效益指标是否实现，通过分析评价找出成败的原因，总结经验教训，并通过及时有效的信息反馈，为未来项目的决策和提高完善投资决策管理水平提出建议，同时也为被评项目实施运营中出现的问题提出改进建议，从而达到提高投资效益的目的。

项目后评价基本内容包括：项目目标评价、项目实施过程评价、项目效益评价、项目影响评价和项目持续性评价。

5.5.2　项目后评价的内容

根据现代项目后评价理论，项目后评价的基本内容有：

（1）项目目标后评价。该项评价的任务是评定项目立项时各项预期目标的实现程度，并要对项目原定决策目标的正确性、合理性和实践性进行分析评价。

（2）项目效益后评价。项目的效益后评价即财务评价和经济评价。

（3）项目影响后评价。主要有经济影响后评价、环境影响后评价、社会影响后评价。

（4）项目持续性后评价。项目的持续性是指在项目的资金投入全部完成之后，项目的既定目标是否还能继续，项目是否可以持续地发展下去，项目业主是否可能依靠自己的力量独立继续去实现既定目标，项目是否具有可重复性，即是否可在将来以同样的方式建设同类项目。

（5）项目管理后评价。项目管理后评价是以项目目标和效益后评价为基础，结合其他相关资料，对项目整个生命周期中各阶段管理工作进行评价。

5.5.3　项目后评价的类型与方法

项目后评价的类型

根据评价时间不同，项目后评价又可以分为跟踪评价、实施效果评价和影响评价。

（1）项目跟踪评价是指项目开工以后到项目竣工验收之前任何一个时点所进行的评价，它又称为项目中间评价；

（2）项目实施效果评价是指项目竣工一段时间之后所进行的评价，就是通常所称的项目后评价；

（3）项目影响评价是指项目后评价报告完成一定时间之后所进行的评价，又称为项目效益评价。

从决策需求不同，项目后评价也可分为宏观决策型后评价和微观决策型后评价。

（1）宏观决策型后评价指涉及国家、地区、行业发展战略的评价；

（2）微观决策型后评价指仅为某个项目组织、管理机构积累经验而进行的评价。

项目后评价的方法

（1）项目后评价方法的基础理论是现代系统工程与反馈控制的管理理论。项目后评价也应遵循工程咨询的方法与原则。

（2）项目后评价的综合评价方法是逻辑框架法。逻辑框架法是通过投入、产出、直接目的、宏观影响四个层面对项目进行分析和总结的综合评价方法。

（3）项目后评价的主要分析评价方法是对比法，即根据后评价调查得到的项目实际情况，对照项目立项时所确定的直接目标和宏观目标，以及其他指标，找出偏差和变化，分析原因，得出结论和经验教训。项目后评价的对比法包括前后对比、有无对比和横向对比。

①前后对比法是项目实施前后相关指标的对比，用于直接估量项目实施的相对成效。

②有无对比法是指在项目周期内“有项目”（实施项目）相关指标的实际值与“无项目”（不实施项目）相关指标的预测值对比，用于度量项目真实的效益、作用及影响。

③横向对比是同一行业内类似项目相关指标的对比，用于评价企业（项目）的绩效或竞争力。

（4）项目后评价调查是采集对比信息资料的主要方法，包括现场调查和问卷调查。后评价调查重在事前策划。

（5）项目后评价指标框架。

①构建项目后评价的指标体系，应按照项目逻辑框架，从项目的投入、产出、直接目的三个层面出发，将各层次的目标进行分解，落实到各项具体指标中。

②评价指标包括工程咨询评价常用的各类指标，主要有：工程技术指标、财务和经济指标、环境和社会影响指标、管理效能指标等。不同类型项目后评价应选用不同的重点评价指标（项目后评价通用的参考指标可参阅附件2）。

③项目后评价应根据不同情况，对项目立项、项目评估、初步设计、合同签订、开工报告、概算调整、完工投产、竣工验收等项目周期中几个时点的指标值进行比较，特别应分析比较项目立项与完工投产（或竣工验收）两个时点指标值的变化，并分析变化原因。

5.5.4 项目后评价的实施

（一）项目后评价实行分级管理。中央企业作为投资主体，负责本企业项目后评价的组织和管理；项目业主作为项目法人，负责项目竣工验收后进行项目自我总结评价并配合企业具体实施项目后评价。

1. 项目业主后评价的主要工作有：完成项目自我总结评价报告；在项目内及时反馈评价信息；向后评价承担机构提供必要的信息资料；配合后评价现场调查以及其他相关事宜。

2. 中央企业后评价的主要工作有：制订本企业项目后评价实施细则；对企业投资的重要项目的自我总结评价报告进行分析评价；筛选后评价项目；制订后评价计划；安排相对独立的项目后评价；总结投资效果和经验教训，配合完成国资委安排的项目后评价工作等。

（二）中央企业投资项目后评价的实施程序。

1. 企业重要项目的业主在项目完工投产后6～18个月内必须向主管中央企业上报《项目自我总结评价报告》（简称自评报告）。

2. 中央企业对项目的自评报告进行评价，得出评价结论。在此基础上，选择典型项目，组织开展企业内项目后评价。

（三）中央企业选择后评价项目应考虑以下条件：

1. 项目投资额巨大，建设工期长、建设条件较复杂，或跨地区、跨行业；

2. 项目采用新技术、新工艺、新设备，对提升企业核心竞争力有较大影响；

3. 项目在建设实施中，产品市场、原料供应及融资条件发生重大变化；

4. 项目组织管理体系复杂（包括境外投资项目）；

5. 项目对行业或企业发展有重大影响；

6. 项目引发的环境、社会影响较大。

（四）中央企业内部的项目后评价应避免出现“自己评价自己”，凡是承担项目可行性研究报告编制、评估、设计、监理、项目管理、工程建设等业务的机构，不宜从事该项目的后评价工作。

（五）项目后评价承担机构要按照工程咨询行业协会的规定，遵循项目后评价的基本原则，按照后评价委托合同要求，独立自主认真负责地开展后评价工作，并承担国家机密、商业机密相应的保密责任。受评项目业主应如实提供后评价所需要的数据和资料，并配合组织现场调查。

（六）《项目自我总结评价报告》和《项目后评价报告》要根据规定的内容和格式编写，报告应观点明确、层次清楚、文字简练、文本规范。与项目后评价相关的重要专题研究报告和资料可以附在报告之后。

（七）项目后评价所需经费原则上由委托单位支付。

做好项目后评价能够确定项目预期目标是否达到，主要效益指标是否实现；查找项目成败的原因，总结经验教训，及时有效反馈信息，提高未来新项目的管理水平；为项目投入运营中出现的问题提出改进意见和建议，达到提高投资效益的目的；后评价具有透明性和公开性，能客观、公正地评价项目活动成绩和失误的主客观原因，比较公正地、客观地确定项目决策者、管理者和建设者的工作业绩和存在的问题，从而进一步提高他们的责任心和工作水平。

综合练习

一、选择题

1. 结束采购和结束项目或阶段是不同的，原因在于结束采购（　　）。

A. 在结束项目或阶段之前
B. 唯一需要客户参与的活动
C. 包括成果回报
D. 可能每个合同中需要进行多次

2. 结束项目或阶段过程的输出不包括（　　）。
A. 项目管理计划的更新
B. 项目文件的更新
C. 最终产品、服务或成果的移交
D. 最终报告

3. 合同收尾的依据是什么？（　　）
A. 采购管理计划
B. 合同管理计划
C. 合同文件
D. 合同收尾程序

二、简答题

1. 结束项目或阶段的成果有哪些？
2. 行政收尾的对象是什么？

附录1　可交付成果表

成果名称	包括内容	来自	用于
事业环境因素	组织文化、政府法规、行业标准、市场条件、商业数据库、项目管理信息系统	外部现有的	启动、规划、执行过程的输入
组织过程资产	流程与程序（模板）、共享知识库（项目档案、配置管理知识库）	组织自身积累	启动、规划、执行、收尾（结束）过程组的输入，在监控、收尾被不断更新
项目工作说明书（SOW）	对项目所需交付的产品或服务的叙述性说明，包括业务需求、战略计划、产品范围描述	项目发起人、客户	制订项目章程
商业论证（可研报告）	商业论证或类似文件能从商业角度提供必要的信息，决定项目是否值得投资	项目发起组织、客户	制订项目章程
合同	一种法律关系，当作外部项目时，需要有合同	项目发起人、客户	制订项目章程、制订预算
项目章程	包括项目目的、项目目标和项目经理的职责与权力，用来批准项目或阶段启动	制订项目章程	制订项目管理计划、收集需求、定义范围、识别干系人
项目管理计划	各种管理计划（8个+需求管理计划+过程改进计划）、生命周期和管理过程定义、配置、变更管理计划、基准（范围、进度、成本）	制订项目管理计划	用于所有的执行和监控（在其中被更新）、收尾（结束）过程
项目文件	什么都有	规划过程组	识别风险、执行、监控
可交付成果	项目某阶段、过程或项目完成时产生，独特、可验证、可有形也可无形	指导与管理项目执行	实施质量控制
核实的可交付成果			
验收的可交付成果		确认范围	结束项目或阶段
最终产品、服务或成果		结束项目或阶段	给客户

续表

成果名称	包括内容	来自	用于
工作绩效数据	成果状态、进度如何、成本花费	指导与管理项目执行	整体变更控制、控制范围、控制进度、控制成本、实施质量保证、报告绩效、监控风险、管理采购
工作绩效报告			
变更请求	纠正、预防、缺陷补救、更新；其状态在整体变更控制输出中被改变	指导与管理项目执行、监控项目工作、核实范围、控制范围、控制进度、控制成本、实施质量保证、管理项目团队、管理干系人期望、报告绩效、监控风险、规划采购、实施采购、管理采购	整体变更控制
批准的变更请求		整体变更控制	指导与管理项目执行、实施质量控制
确认的变更		实施质量控制	
需求文件	机会、目标、功能、质量、验收标准	收集需求	定义范围、创建 WBS、核实范围、控制范围、识别风险、规划采购
需求管理计划	如何分析、记录、管理需求	收集需求	
需求跟踪矩阵	需求、来源、目标、成果、设计、开发、测试	收集需求	核实范围、控制范围
项目范围说明书	产品范围、项目成果、标准、假设、制约要素	定义范围	创建 WBS、排列活动顺序、估算活动历时、制订进度计划、规划风险管理、定性风险分析
范围管理计划			
工作分解结构	以成果为导向的工作层级分解结构	创建 WBS	
工作分解结构词典	工作分解结构详细描述	创建 WBS	
范围基准	属于项目管理计划，包括 WBS、词典、范围说明书	创建 WBS	定义活动、估算成本、制订预算、规划质量、识别风险、规划采购
进度管理计划			
活动清单	项目为产生成果所有必要的活动	定义活动	排列活动顺序、估算活动资源、估算活动历时、制订进度计划

续表

成果名称	包括内容	来自	用于
活动属性	所有活动的详细描述	定义活动	排列活动顺序、估算活动资源、估算活动历时、制订进度计划
里程碑清单	项目重要时点	定义活动	排列活动顺序
项目进度网络图	展示项目活动之间的逻辑关系	排列活动顺序	制订进度计划
项目日历			
资源日历	哪些资源可用、什么时间可用、能用多长时间	组建项目团队、实施采购（记载签约资源的可用性）	估算活动资源、估算活动历时、制订进度计划、制订预算、建设项目团队
活动资源需求	每个工作需要的资源类型和数量	估算活动资源	估算活动历时、制订进度计划、制订人力资源计划、规划采购
资源分解结构	按资源类别（人财物）和类型（水平、等级）划分的资源层级结构	估算活动资源	
活动持续时间估算	完成某项活动所需工时数，不包括滞后，一般有个区间	估算活动历时	制订进度计划、识别风险
项目进度计划	里程碑、横道图、网络图	制订进度计划	控制进度、估算成本、制订预算、规划采购
进度基准	特殊版本进度计划，属于项目管理计划	制订进度计划	规划质量
进度预测			
进度数据	资源需求、备选进度计划、进度应急储备	制订进度计划	
风险登记册 V1	已识别风险清单、潜在应对措施清单	识别风险	定性风险分析
风险登记册 V2	排序后的清单、分类的、近期应对的、进一步分析的、低优先级的	定性风险分析	定量风险分析
风险登记册 V3	项目概率分析、量化的应急储备金和时间、趋势	定量风险分析	规划风险应对
风险登记册 V4	风险责任人、征兆、应急计划、残留风险、次生风险	规划风险应对	监控风险、规划采购
成本管理计划			
活动成本估算	完成工作可能需要的成本数量	估算成本	制订预算、识别风险、规划采购
成本基准	批准后按时间段分配资金的完工预算，S 曲线，又叫 P（绩效）MB	制订预算	规划质量、规划采购
项目资金需求	什么时间需要多少资金到位	制订预算	控制成本
成本预测	EAC 和 ETC	控制成本	报告绩效

续表

成果名称	包括内容	来自	用于
质量管理计划	说明如何执行质量政策，属于项目管理计划	规划质量	
质量测量指标	非常具体，描述产品属性和如何测量	规划质量管理	实施质量保证、控制质量
质量核对单	一种结构化工具，列出条目进行检查	规划质量	实施质量控制
过程改进计划	说明过程分析的步骤，识别增值的活动，属于项目管理计划	规划质量	
质量控制测量结果	质量控制的成果	实施质量控制	实施质量保证
人力资源管理计划	包括角色职责、组织机构图、人员配置计划，属于项目管理计划	制订人力资源计划	估算成本
项目人员分派	项目团队名录、团队成员的备忘录	组建项目团队	建设项目团队、管理项目团队
团队绩效评价	个人技能、团队能力、凝聚力提升；离职率下降	建设项目团队	管理项目团队
采购文件	外部项目，与客户签订的协议	高层	识别干系人
项目沟通	包括绩效报告、可交付成果状态、进度进展情况和已发生的成本	管理沟通	控制沟通
沟通管理计划	说明干系人沟通需求，属于项目管理计划一部分	规划沟通管理	管理沟通
问题日志	记录和监督问题的解决情况		管理干系人期望
变更日志	记录在项目中发生的各种变更		管理干系人期望
确认的变更			
风险管理计划	方法论、角色与职责、预算、RBS、时间安排、风险概率与影响定义、干系人承受力、报告、跟踪	规划风险管理	识别风险、定性风险分析、定量风险分析、规划风险应对
采购管理计划	采用的合同类型、独立估算、采购文件、自制外购决策	规划采购	实施采购
采购工作说明书	详细描述拟采购的产品、服务或成果（招标书中技术部分）	规划采购	
自制或外购决策	记录买什么不买什么	规划采购	实施采购
采购文件	招标书包括技术和商务两部分用来获得建议书或报价单	规划采购	实施采购、管理采购
供方选择标准	可以是主观的，也可以是客观的，很容易获得的产品重点是价格	规划采购	实施采购
选定的卖方	选定的卖方	实施采购	

续表

成果名称	包括内容	来自	用于
协议	买卖双方的合作协议，有时是项目团队与客户，有时是和供应商	外部	规划采购、实施采购
结束的采购	买方（合同管理员）发出正式书面通知	结束采购	
干系人登记册	干系人基本信息、评估信息、干系人分类	识别干系人	收集需求、规划质量、规划沟通、管理干系人期望、识别风险
干系人管理计划			

附录 2　PMP 工具与技术汇总

名称	描述	对应过程	备注
PDM 紧前关系绘图法（节点法 AON）	节点法，方框代表活动，箭线代表逻辑关系	排列活动顺序	
SWOT 分析	从内部优势、劣势；外部机会和威胁不同角度进行分析	识别风险	
报告系统	项目经理获取、保存、向干系人发布信息的工具（软件包）	报告绩效	
备选方案识别	头脑风暴、横向思维和配对比较	定义范围	
备选方案分析	分析和选择多个可选方案	估算活动资源	
变更控制委员会（CCB）	变更控制委员会，重要干系人组成负责评审、批准变更请求	实施整体变更控制	
标杆对照（基准对照）	将项目与其他项目对比找差距、制订改进措施	规划质量、实施质量保证	
采购绩效审查	根据合同对卖方审查业绩	管理采购	
采购审计	对项目采购过程进行审查，找出经验和教训	结束采购	
采购谈判	作为买方和卖方谈判	实施采购	
参数估算	利用历史数据与其他变量的关系，生产率、成果数量，装修地板 5 块/小时	估算活动持续时间、估算成本	有参数模型，重复性工作
产品分析	产品分解、系统分析、需求分析、系统工程、价值工程和价值分析	定义范围	以产品为可交付成果的项目
成本汇总	以 WBS 中工作包为单位汇总，得出总成本	制订预算	
成本效益分析	对质量活动进行分析评估是否合适	规划质量、实施质量保证	
冲突管理	解决项目冲突，解决问题、强制、撤退、缓和、妥协	管理项目团队	项目环境中
出版的估算数据	外部公司发布的生产率和资源单价	估算活动资源	
储备分析	考虑应急储备（如缓冲时间或储备金）	估算活动持续、估算成本、制订预算、监控风险	项目信息不足时，必须做；随项目进展可以调整

续表

名称	描述	对应过程	备注
德尔菲法	背靠背，匿名，客观，慢；属于群体创新技术	收集需求	
独立估算	买方或找第三方编写，用作标杆来和投标人的报价进行对比	实施采购	
访谈	与干系人直接交流，通常是一对一	收集需求	
分解	把项目可交付成果划分为更小的、更便于管理的组成部分	创建 WBS、定义活动	
风险分类	根据 WBS、根据阶段、根据干系人、根据 RBS（类别）对风险分类	实施定性风险分析	
风险紧迫性评估	评估哪些风险现在需要应对，哪些需要过一段时间应对	实施定性风险分析	
风险审计	评估风险管理过程的有效性，通常外部人来做	监控风险	
风险数据质量评估	对风险识别分析所依据的数据进行评估看是否可信	实施定性风险分析	
风险再评估	对现有评估、识别新风险、删除过去的风险，团队成员做出的	监控风险	
概率影响矩阵	用来对比把某个风险放入其中，深灰色代表严重；中度灰色代表较轻	实施定性风险分析	
风险概率和影响评估	分析风险发生可能性和后果	实施定性风险分析	
干系人分析	系统收集和分析各种信息了解干系人的利益、影响、期望	识别干系人	项目随时进行
工作授权系统	整个项目管理系统的一个子系统。它是一系列正式书面程序的集合，规定如何授权（委托）项目工作，以保证该工作由正确的组织、在正确的时间、以正确的顺序执行。工作授权系统包括发布工作授权所需的步骤、文件、跟踪系统以及审批层次	指导与管理项目执行	
沟通方法	推式（发 E－mail）、拉式（在线课堂、网站）、交互式（开会）	规划沟通、发布信息、管理干系人、报告绩效	
沟通技术	要不要使用自动化工具，网络系统、视频会议等	规划沟通	
沟通模型	显示发送者和接收者	规划沟通	
沟通需求分析	确定项目干系人的信息需求	规划沟通	

续表

名称	描述	对应过程	备注
关键链	关键路径－时差概念＋时间缓冲＋资源缓冲	制订进度计划	资源约束型关键路径法
关键路径法（CPM）	不考虑资源限制的情况下，找出完成项目的最短时间	制订进度计划	时间约束型项目
观察	直接观察个人在各自的环境中如何开展工作和实施流程	收集需求	产品使用者难以或不愿说明他们的需求
观察与交谈	了解团队的工作表现和态度动态	管理项目团队	
管理技能	指导与控制一群人协调他们行动实现目标	管理干系人期望	
广告	在报纸或网站宣传招标活动	实施采购	
规划会议和分析	项目干系人、项目经理、团队成员、组织内负责风险的人一起开会	规划风险管理	
滚动式规划	近期详细、远期粗略	定义活动	
过程分析	识别所需要改进的过程，包括根本原因分析	实施质量保证	改进过程
合同变更控制系统	文书工作、跟踪系统、争议解决程序、审批层次	管理采购	
合同类型	固定价（可以加激励、加经济调整）、成本补偿类（有加成、有激励、有奖励——虚的）、时间材料合同	规划采购	
核对表分析	根据编制的风险识别清单进行风险识别，优点多，缺点不够全面	识别风险	
积极风险或机会应对策略	开拓、提高、分享、接受	规划风险应对	
基本规则	对成员可接受行为进行明确规定	建设项目团队	
绩效报告	用来向高层汇报说明卖方合同执行情况	管理采购	
绩效审查	测量与对比分析进度绩效，主要决定包括偏差分析、趋势分析、挣值绩效分析	控制进度、控制成本	
集中办公（作战室）	最活跃的成员集中在同一个物理地点	建设项目团队	增加沟通和集体感
记录管理系统	属于项目管理信息系统的一部分用来记录合同执行过程的文档	管理采购、结束采购	
技术绩效测量	对技术成果和项目计划进行比较	监控风险	
假设分析	检验之前的假设是否还成立，如果不成立就是风险	识别风险	

续表

名称	描述	对应过程	备注
假设情景分析	考虑各种可能的情形，蒙特卡罗分析是其实例	制订进度计划、控制进度	用来评估不利条件下的可行性
检查	开展测量、审查与核实等活动，来判断工作和可交付成果是否符合要求及产品验收标准	核实范围、实施质量控制、实施质量保证	
检查和审计	买方开展的，卖方需要支持	管理采购	
建议书评价技术	就是评标的方法	实施采购	
焦点小组会议	有主持人，分主题、分小组讨论	收集需求	
进度计划编制工具	和项目管理软件一起使用，应该也是自动化的工具	制订进度计划、控制进度	加速进度表制定
进度网络分析	包括 CPM、关键链、资源平衡、假设情景分析等	制订进度计划	
进度压缩	在不改变范围情况下，缩短项目历时，赶工与快速跟进	制订进度计划、控制进度	不能修改范围时，要求缩短时间
决策树分析	参见预期货币价值（EVM）	实施定量风险分析	
控制图	看过程是否稳定	规划质量、实施质量保证、实施质量控制	追踪批量生产中的活动的过程是否稳定
类比估算	以过去项目信息作为基础来估算未来项目信息（历时、资源、成本）	估算活动持续时间、估算成本	项目早期，信息不足时
历史关系	感觉就是参数估算或类比估算的基础	制定预算	用来建参数估算的模型
流程图	显示某个过程中各步骤之间的关系	规划质量、实施质量保证、实施质量控制	预测可能的质量问题
卖方投标分析	让卖方先报价，预估项目大概花费成本	估算成本	
敏感性分析	确定哪些风险对项目具有最大影响，重点是把其他不确定因素都固定，只考察某个因素对目标的影响。常用龙卷风图来表现	实施定量风险分析	
名义小组法	头脑风暴后，对创意进行排序；属于群体创新技术	收集需求	
蒙特卡罗分析	使用统计和模拟技术，多次计算得到目标值的概率分布	实施定量分析、制订进度计划、控制进度	参加假设情景分析、建模和模拟
模板	过去的经验总结	定义活动	
帕累托图	特殊的直方图，按每个情况发生次数排序	实施质量保证、实施质量控制	指导有重点地采取纠正措施

续表

名称	描述	对应过程	备注
培训	能够提高团队成员能力的活动	建设项目团队	成员缺乏某个技能时
配置管理系统	整个项目管理信息系统的一个子系统。它由一系列正式的书面程序组成，用于对以下工作提供技术和管理方面的指导与监督：识别并记录产品、成果、服务或部件的功能特征和物理特征；控制对上述特征的任何变更；记录并报告每一项变更及其实施情况；支持对产品、成果或部件的审查，以确保其符合要求。该系统包括文件和跟踪系统，并明确了为核准和控制变更所需的批准层次	实施整体变更控制	
偏差分析	根据基准，分析实际绩效偏差大小，根据需要采取纠正或预防措施	控制范围、控制进度、控制成本、监控风险、报告绩效	
偏差和趋势分析	用监控信息对项目执行的趋势进行审查	监控风险	
其他质量规划工具	亲和图、力场分析、名义小组、矩阵图、优化矩阵等	规划质量	
亲和图	大量创意，然后找关系，同类的放在一起；属于群体创新技术	收集需求	
趋势图	没有界限的控制图，反映变化的历史和模式	实施质量保证、实施质量控制	进行趋势分析
确定依赖关系	硬逻辑、软逻辑、外部逻辑	排列活动顺序	
群体创新技术	识别项目和产品需求的群体活动	收集需求	
群体决策技术	为达成某种期望结果而对多个未来行动方案进行评估	收集需求	
人际关系技能	软技能：同情心、影响力、创造力、协调力、领导力、决策力	建设项目团队、管理项目团队、管理干系人期望	
人际交往	正式、非正式的行业、职业环境下的人际互动，有助于认识人才	制订人力资源计划	
认可与奖励	对优秀成员的行为给予认可和奖励，要根据对方需求进行奖励	建设项目团队	
三点估算	用最悲观、最乐观、最可能三点来估算	估算活动持续时间、估算成本	有风险、没经验、不确定
散点图	显示两个变量（因变量、自变量）的关系	实施质量保证、实施质量控制	看是否有关联，接近对角线表示关系密切
审查已批准的变更请求	对所有已批准的变更请求进行审查，以核实它们是否已按批准的方式得到实施	实施质量控制	

续表

名称	描述	对应过程	备注
实验设计（DOE）	统计学方法，分析每个因素对开发的流程和产品的特定变量的影响	规划质量、实施质量保证	
数据收集与表现技术	包括访谈、概率分布（贝塔分布、三角分布）	实施定量风险分析	
思维导图	圆圈、创意、线连起来；属于群体创新技术	收集需求	
索赔管理	就是针对争议性的变更如何进行管理，先按合同谈判，然后考虑仲裁，最后上法院	管理采购	
谈判	就某个事情双方达成共识的过程	组建项目团队	
利用时间提前量与滞后量	提前或推迟某个活动的开始日期，不改变本来的逻辑关系	排列活动顺序、制订进度计划、控制进度	
统计抽样	从目标总体中选样本进行检查，再规划确定次数规模，再控制实施	规划质量、实施质量保证、实施质量控制	节约成本，检查质量
头脑风暴法	面对面，快，容易受别人影响；属于群体创新技术	收集需求	
投标人会议	买方向所有潜在卖方召开，要公平，让每个卖方对项目有清楚的认识	实施采购	
图解技术	因果图、流程图、影响图	识别风险	
团队建设活动	有专门和非专门之分，非正式沟通非常重要，需要持续进行	建设项目团队	
进度网络模板	标准化网络，某部分可以称为子网络，适合项目中存在重复性的成果时	排列活动顺序	子网络在项目包含若干相同或相似的可交付成果时尤其有用
完工尚需绩效指数（TCPI）	为了实现特点的概率目标（BAC 或 EAC），剩余工作必须达到的成本指标（预测值）	控制成本	
文档审查	对项目文档（合同、计划、项目档案等）进行评估审查	识别风险	
问卷调查	通过设计书面问题，向为数众多的受访者快速收集信息	收集需求	受众众多、需要快速完成调查，并使用统计分析法
问题日志	书面地记录下来项目出现的问题	管理项目团队	
项目管理估算软件	对辅助成本估算，快速考虑多种成本估算方案	估算成本	

续表

名称	描述	对应过程	备注
项目管理软件		估算活动资源、控制进度、估算成本、控制成本	编制资源估算
项目管理信息系统	自动化的系统，包括配置管理系统、进度计划软件、信息收集与发布系统，或其他自动化系统；属于事业环境因素	指导与管理项目执行	
项目绩效评估	对成员表现进行评估	管理项目团队	给成员建设性反馈、发现问题、确定目标
消极风险或威胁的应对策略	回避、转移、减轻、接受	规划风险应对	负面风险
协商解决	和索赔管理很接近，解决所有争议	结束采购	
信息发布工具	电子的、纸质的、项目管理电子工具（门户网站）	发布信息	
信息收集技术	头脑风暴、德尔菲、访谈、根本原因分析	识别风险	
虚拟团队	为共同目标而努力可大家几乎不见面	组建项目团队	灵活组建团队
因果图	石川图、鱼骨图	实施质量保证、实施质量控制	用于识别根本原因
因特网搜索	上网找产品、供应商	实施采购	不适合风险高、复杂的、需严密监控的项目
引导式讨论会	跨职能人员讨论：IT 行业 JAD（联合应用开发）；制造业 QFD（质量功能部署）	收集需求、定义范围	
应急应对策略	制订应急计划，当风险发生时再执行	规划风险应对	
预测	对完工估算（BAC）进行预测	控制成本	
预测方法	根据现在业绩估计未来业绩：时间序列法、因果分析、判断、其他方法	报告绩效	
预分派	事先选定的，三种情况：竞标过程承诺、取决于特定技能、项目章程承诺	组建项目团队	
预期货币值（EMV）	把各种可能的后果和概率相乘，经常和决策树一起使用	实施定量风险分析	
原型法	先制造出该产品的实用模型	收集需求	符合渐进明细的理念
责任分配矩阵图（RAM）	显示工作包（活动）和成员（资源）之间的关系	制订人力资源计划	可以分层适合人很多的时候
招募	从外部招聘人员	组建项目团队	

续表

名称	描述	对应过程	备注
挣值管理（EVM）	PV、EV、AC、CV、SV、CPI、SPI、EAC、ETC、TCPI	控制成本	
支付系统	说明如何给卖方付款，需要先确定卖方工作完成	管理采购	
直方图	显示特定情况的发生次数	实施质量控制	
质量成本（COQ）	一致、非一致成本	估算成本、规划质量、实施质量保证	
质量审计	独立的结构化审查，由审计师进行	实施质量保证	找出最佳实践
专家判断	对某方面擅长的人就是专家，找专家协助就是专家判断，专家可能是顾问、干系人、团队成员	制订项目章程、制定项目管理计划、指导与管理项目执行、监控项目工作、实施整体变更控制、结束项目或阶段；定义范围、定义活动、估算活动资源、估算活动持续时间、估算成本、制定预算、识别干系人、识别风险、实施定性风险分析、实施定量风险分析、规划风险应对、规划采购、实施采购	整体章节随时使用
专有的质量管理方法	六西格玛、精益六西格玛、质量功能展开、CMMI 等	规划质量	
状态审查会	定期开会，顺便看风险状况	监控风险	
资金限制平衡	平衡资金支出，不要有很大起伏	制定预算	
资源平衡	确保资源使用量稳定均衡	制订进度计划、控制进度	防止资源过载
自下而上估算	对活动估算，然后汇总到工作包，再汇总到项目总资源	估算活动资源、估算成本	项目后期，有足够信息时
自制外购分析	确定某个工作是团队自己完成还是外部采购	规划采购	
组织机构图（OBS）	按组织部门排列下面列出工作包	制订人力资源计划	
组织理论	个人、团队、组织的行为方式	制订人力资源计划	